COLLECTION
FOLIO / THÉÂTRE

Eugène Ionesco

La Leçon

Édition présentée,
établie et annotée
par Emmanuel Jacquart
Professeur à l'Université
des Sciences humaines de Strasbourg

Gallimard

PRÉFACE

HISTORIQUE
ET GENÈSE DE LA PIÈCE

Composée en juin 1950, La Leçon *fut créée le 20 février 1951 au théâtre de Poche. Le metteur en scène, Marcel Cuvelier, tenait le premier rôle, Rosette Zuchelli interprétait l'Élève et Claude Mansard — M. Smith dans* La Cantatrice chauve *— incarnait la Bonne. Paradoxalement,* La Leçon, *qui, aujourd'hui, est l'une des pièces les plus jouées dans le monde* [1], *fut d'abord boudée du public et de la critique, qui n'accorda pas à la pièce l'attention qu'elle méritait.*

Une brève reprise eut lieu en juillet 1951 [2], *suivie d'une autre*

---

1. En 1985, la comptabilité officielle évaluait le nombre d'autorisations délivrées dans le monde pour les douze pièces principales d'Ionesco à : 110 pour *La Cantatrice chauve*, 104 pour *La Leçon*, 72 pour *Les Chaises*, 71 pour *Le roi se meurt*, 52 pour *Délire à deux*, 41 pour *Amédée*, 39 pour *Jacques ou la Soumission*, 37 pour *Rhinocéros*, 30 pour *Tueur sans gages*, 26 pour *Victimes du devoir*, 18 pour *L'avenir est dans les œufs* et 15 pour *L'Impromptu de l'Alma*.

2. Au théâtre Lancry. Voir le programme conçu pour le vingt-cinquième anniversaire du spectacle de la Huchette, p. 8. La reprise de *La Leçon* n'eut guère de succès. Le 8 août 1951, la pièce totalisait 35 représentations.

en octobre 1952[1] *qui, pour la première fois, réunissait* La
Cantatrice chauve *et* La Leçon, *puis d'une troisième en
février 1957. Depuis lors, leur succès ne s'est pas démenti*[2].

La Leçon *fut publiée aux Éditions Arcanes en 1953, puis
chez Gallimard en 1954*[3]. *Bientôt, l'immense marché anglo-
américain lui ouvrit ses portes. Grove Press publia le premier
volume du théâtre d'Ionesco en 1958 et la même année l'Anglais
John Calder sortait les deux premiers*[4]. *En 1960, l'éditeur
japonais Hakusui Sha commandita la traduction de* La
Cantatrice chauve *et de* La Leçon. *Aujourd'hui, Ionesco
connaît un succès mondial et son œuvre est traduite et jouée en
vingt-neuf langues.* La Leçon *fut même transposée par
Fleming Flindt en un ballet présenté à la télévision danoise et à
l'Opéra-Comique de Paris, accompagné d'une musique de
Georges Delerue*[5].

1. La reprise de *La Leçon* (mise en scène par Marcel Cuvelier) et
de *La Cantatrice chauve* (mise en scène par Nicolas Bataille) eut lieu du
7 octobre 1952 au 26 avril 1953 au théâtre de la Huchette.
2. Depuis 1957, nombreux furent ceux qui se relayèrent pour
assurer quotidiennement la poursuite du *Spectacle Ionesco* à la
Huchette *(La Cantatrice chauve et La Leçon)*, spectacle présenté sans
interruption jusqu'à ce jour (1994). En 1982 on dénombrait
49 comédiennes et 52 comédiens. Voir le programme conçu pour le
vingt-cinquième anniversaire du spectacle.
3. En 1954, elle fut également publiée dans *L'Avant-scène*.
4. À notre connaissance, l'édition américaine du théâtre d'Ionesco se compose, à ce jour, de 12 volumes, publiés de 1958 à 1985,
le dernier consacré à *Journeys among the Dead* (Riverrun Press). Les
traducteurs auxquels l'éditeur fit appel sont nombreux : Donald
Watson, Donald M. Allen, Helen Gary Bishop, Marie-France
Ionesco, Charles Marowitz, John Russell, Jean Stewart et Barbara
Wright. Tous les volumes, sauf le dernier, furent publiés par Grove
Press. L'édition anglaise du théâtre d'Ionesco, également en
12 volumes, est publiée chez John Calder. Les traductions furent
assurées par Donald Watson (ou Jean Stewart, John Russell ou
David Prouse). En Allemagne, les œuvres *complètes* furent publiées en
1985 — sous la direction de François Bondy et d'Irène Kuhn — à
Munich, chez C. Berstelsmann.
5. Février 1963. Interprètes : Josette Amiel et Fleming Flindt.

On connaissait la naissance de La Cantatrice chauve, mais on ignorait les circonstances qui présidèrent à la composition de La Leçon. En fait, Marcel Cuvelier avait passé une commande en spécifiant que, pour des raisons financières, il ne fallait envisager que deux ou trois personnages et des éléments scénographiques extrêmement simples[1].

Ionesco s'imposa une contrainte supplémentaire. En auteur d'avant-garde qui tournait résolument le dos au théâtre reconnu, il voulait fuir le réalisme et le psychologisme. Aussi résolut-il de dépouiller la formule traditionnelle de ses oripeaux, de ses éléments contingents considérés désormais comme obsolètes pour ne conserver que la structure archétypique : un prologue lent, un développement évoluant vers un paroxysme, une chute. Ce schéma abstrait se prolongea, comme celui de La Cantatrice chauve, par l'amorce d'un recommencement[2].

Toutefois, si la première pièce d'Ionesco envisage le langage comme une mécanique absurde qui finit par se détraquer et exploser, la seconde reprend le matériau linguistique mais en altère la visée[3]. L'absurde et le comique subsistent et jouent un rôle considérable, mais le langage, synonyme de terrorisme[4], devient l'instrument d'un pouvoir abusif. Pervers, les mots du pédagogue déclenchent les maux de l'Élève et aboutissent au

1. Entretien avec Ionesco, le 27 octobre 1987.
2. *Ibid.*
3. Ionesco écrivit à deux chercheurs américains : « Les thèmes de ces deux pièces se retrouvent ultérieurement mélangés avec d'autres thèmes. La façon de les traiter seule change, mais le fond est le même. » Lettre du 18 mai 1974, citée dans L. Bulwa et T. March, *Ionesco, La Cantatrice chauve, La Leçon*, New York, Holt, Rinehart and Winston, 1975, p. XXXIX.
4. Jean Paulhan en a parlé abondamment dans ses *Fleurs de Tarbes ou la Terreur dans les lettres*, Gallimard, N.R.F., 1941. On sait dans quelle estime Ionesco tient son prédécesseur à l'Académie française — moins sans doute l'influence que ce dernier exerça sur sa conception du langage.

tombeau, La Leçon *s'achevant sur un assassinat. L'avilissement comique du langage s'allie donc à ce que la psychanalyse nomme « le fantasme de destruction ».*

De même qu'un manuel d'anglais fut à l'origine de La Cantatrice chauve, *le livre d'arithmétique de sa fillette Marie-France inspira à Ionesco* La Leçon : *« Je me suis dit qu'à partir des éléments les plus simples de l'arithmétique, de l'alphabet arithmétique si je puis dire, on pouvait tirer une pièce*[1]. »

Ces données, qu'il exploite habilement, fournirent l'impulsion initiale. Toutefois, une seconde leçon — celle-ci linguistique — succède à la première. Toutes deux portent l'empreinte de l'extraordinaire et du tératologique. Ionesco s'est-il souvenu, avec une intention caricaturale, de son professeur de philologie qu'il n'aimait guère ? Cette possibilité n'est pas à exclure, même si le dramaturge n'est pas affirmatif sur ce point[2].

Quoi qu'il en soit, ce cours particulier devient tout à fait insolite. Tel un duo musical, le dialogue se déroule simultanément dans un double registre : la littéralité farfelue du texte s'accompagne d'harmoniques, l'arithmétique et la philologie servant d'exutoire à la lubricité[3] *et à la volonté de puissance qui culmineront dans un meurtre et un orgasme explicitement suggérés. Ionesco regrette aujourd'hui que le public n'ait point saisi immédiatement cette duplicité. On a cru, affirme-t-il, que l'irritation croissante du professeur s'expliquait par le fait que la jeune fille est une « mauvaise élève qui n'apprend pas sa leçon. En réalité, c'était autre chose*[4] ».

Ainsi, bien que soumise à diverses contraintes, La Leçon

1. Entretien avec l'auteur, le 27 octobre 1987.
2. *Ibid.*
3. Elle précède la leçon proprement dite. Voir les didascalies, p. 25.
4 Entretien avec Ionesco, le 27 octobre 1987.

s'épanouit dans la drôlerie et l'excentricité. À l'instar de **La
Cantatrice chauve** *qui exploitait longuement le contrepoint,
elle joue habilement sur une dualité permanente, le sensoriel
prenant le relais de la parole.*

COMIQUE, LOGIQUE ET LANGAGE

*On le sait, chez Ionesco la création repose fréquemment sur le
phénomène de prolifération. Les chaises, les tasses et les meubles
s'accumulent, les œufs s'amoncellent ; les rhinocéros prolifèrent,
les catastrophes naturelles et surnaturelles se multiplient, un
cadavre grandit démesurément, la colère aboutit à l'explosion du
monde*[1]. *Le matériau change mais le processus reste inchangé.
Le langage ne fait pas exception à la règle. Tout ce qu'il
véhicule — logique ou absurdité, conformisme ou ludisme, etc.
— appartient à un univers fantasque, au bord du fantastique.*

*Vue sous cet angle, l'innovation, qui s'apparente ici à
l'imaginaire extravagant et démesuré de l'enfance, se fixe aussi
pour objectif d'étonner et de détonner, de nous désorienter ou de
tromper notre attente. Elle s'évertue donc à mettre notre univers
quotidien sens dessus dessous en déjouant sa logique. À
l'évidence, un tel remue-ménage se veut remue-méninges. Le rire
éclate,* jaillit de l'incongruité, *de la séduction intellectuelle
qu'elle exerce sur nous, de l'activité ludique, infiniment
agréable, dans laquelle il nous entraîne.*

*Dans cette entreprise, et conformément au mécanisme du rire
tel que l'envisagent Kant, Hegel et Schopenhauer*[2], *Ionesco a*

---

1. Respectivement dans *Les Chaises, Victimes du devoir, Le Nouveau
Locataire* et *L'avenir est dans les œufs, Le roi se meurt, Amédée ou Comment
s'en débarrasser* et « La Colère », scénario de film.
2. Voir Jean Fourastié, *Le Rire, suite,* Denoël-Gonthier, 1983,
p. 12.

recours à l'effet de surprise qui déjoue une attente implicite.
Peut-on imaginer qu'une employée, en l'occurrence la Bonne,
gifle son employeur ? De même, conçoit-on qu'un enseignant
fasse sa démonstration avec des allumettes invisibles, « un
tableau inexistant » *et* « une craie inexistante [1] » *? Plus*
tard, en réponse aux gémissements de son étudiante qui souffre
d'un mal de dents symbolique — ce mal désignant dans la
langue populaire le mal d'amour —, n'enfreint-il pas les lois
élémentaires du savoir-vivre lorsqu'il s'écrie : « Silence ! Ou je
vous fracasse le crâne [2] ! »

Ionesco aime également donner libre cours à son penchant
pour l'exagération énorme et burlesque. La leçon particulière,
leçon de « physique expérimentale [3] » *selon le mot de Voltaire*
dans Candide, *s'achève par un viol-assassinat, ces deux*
composantes intervenant simultanément, telles les notes d'un
accord musical. Qui plus est, l'énormité bouffonne de la pensée
sous-tendant la pièce a de quoi surprendre : l'enseignement mène
droit au meurtre ! Un caricaturiste ne dirait pas mieux !
Pourtant, comme si une telle proposition ne suffisait pas,
Ionesco donne dans l'humour noir : l'enseignant perpètre
quarante meurtres par jour mais, paradoxalement, recommande
à la Bonne d'avoir des égards pour le cadavre dont elle le
débarrasse [4].

La troisième technique dont use Ionesco consiste à marier

---

1. P. 44.
2. P. 74.
3. *Candide,* chap. I. Ionesco avait envisagé qu'après le crime le
Professeur pourrait avoir un « *brassard portant un insigne, peut-être la
svastika nazie* » (p. 89). Outre que l'indication n'est pas affirmative,
elle ne doit point orienter l'interprétation de la pièce dans une
perspective exclusivement politique. Appliquer une telle grille
fausserait le sens. En fait, cette indication scénique qui ne fut pas
respectée, reflète chez Ionesco la volonté de parvenir à un
paroxysme choquant et incongru.
4. « Attention. Ne lui faites pas de mal » (p. 90).

l'érotisme et le ludique. À preuve, une scène qui transpose de façon cocasse le prélude à l'acte sexuel, alors que l'exaspération du désir apparaît nettement :

« L'Élève doit être de plus en plus fatiguée, pleurante, désespérée, à la fois extasiée et exaspérée : " Ah ! "

« *LE PROFESSEUR : Répétez, regardez.* (Il fait comme le coucou.) *Couteau... couteau... couteau... couteau...*

« *L'ÉLÈVE : Ah, j'ai mal... ma tête...* (Elle effleure de la main, comme pour une caresse, les parties du corps qu'elle nomme)... *mes yeux [...]*

« *L'ÉLÈVE : J'ai mal... ma gorge, cou... ah... mes épaules... mes seins... couteau...*

« *LE PROFESSEUR : Couteau... couteau... couteau...*

« *L'ÉLÈVE : Mes hanches... couteau... mes cuisses... cou[...] Couteau... mes seins... mon ventre* [1]*... »*

La répétition participe ici à la création d'un rythme qui porte l'intensité à son comble. En outre, la progression sérielle — on part de la tête pour aboutir au ventre — prête son élan au dialogue. Une telle technique qui fortifie la suggestion sexuelle serait susceptible de causer la gêne si l'incongruité associée à l'acte charnel ne provoquait le rire ou ne suscitait un sourire libérateur : à mal d'amour, mots d'humour.

La quatrième technique dont use Ionesco consiste en une manipulation habile et saugrenue de l'univers rationnel. L'auteur de La Leçon *préfigure celui qui, dans* Victimes du devoir, *recommandera l'ouvrage de son compatriote Stéphane Lupasco :* Logique et contradiction [2]*. Sans être comme Lewis Carroll, un professionnel de la logique, Ionesco se passionne pour elle chaque fois qu'elle amuse et (d)étonne. La*

---

1. P. 82-83.
2. Ionesco, *Théâtre complet*, Pléiade, p. 242.

forme la plus simple de sa démarche consiste à contrecarrer ou à annuler le principe d'identité ou de non-contradiction. *Ainsi, la compréhension intellectuelle devient « un raisonnement mathématique, inductif et déductif à la fois*[1] ». Le latin, *l'espagnol et le néo-espagnol reposent sur « des ressemblances identiques*[2] »! *Parfois, le dialogue ménage un faux distinguo comme dans l'échange suivant :*

« *LE PROFESSEUR : La vie contemporaine est devenue très complexe.*

« *L'ÉLÈVE : Et tellement compliquée*[3]*... »*

Enfin, il arrive qu'un personnage affirme et infirme la proposition qu'il avance : le vicomte « *avait un défaut de prononciation assez grave : il ne pouvait pas prononcer la lettre* f. *Au lieu de* f, *il disait* f. *Ainsi, au lieu de : " fontaine, je ne boirai pas de ton eau ", il disait : " fontaine, je ne boirai pas de ton eau*[4]. " »

Une application implicite de la contradiction insensée apparaît également dans le comportement de l'Élève. Celle-ci ne peut effectuer la soustraction la plus élémentaire — soustraire un de deux — mais calcule mentalement, en un clin d'œil, le produit de nombres immenses :

« *L'ÉLÈVE,* très vite : Ça fait dix-neuf quintillions trois cent quatre-vingt-dix quadrillions deux trillions huit cent quarante-quatre milliards deux cent dix-neuf millions cent soixante-quatre mille cinq cent huit[5]... »

De toute évidence, un tel exploit excède les capacités du cerveau humain, mais le Professeur nous avait prévenus : « on

---

1. P. 53.
2. P. 69.
3. P. 30-31. Les ouvrages destinés aux jeunes n'ignorent pas ce procédé. Dans la série des Tintin d'Hergé, les Dupont, policiers jumeaux, y ont fréquemment recours.
4. P. 63.
5. P. 52.

peut s'attendre à tout[1] ». *Dans ces conditions, faut-il s'étonner que l'étudiante ne comprenne rien à l'exposé de linguistique, mais sache la définition du phonème ? Rien d'étonnant, non plus, à ce qu'Ionesco présente comme un miracle, ou peu s'en faut, la réalisation d'une opération simpliste qui consiste à additionner un et un*[2]. *Un tel enfantillage est un clin d'œil fait au public dont on recherche la connivence.*

Dans ce monde sens dessus dessous, le plus simple et le plus complexe deviennent également probables. La demoiselle ne comprend rien aux « archétypes arithmétiques *» mais le Professeur lui déclare le plus sérieusement du monde : «* [...] vous n'arriverez jamais à faire correctement un travail de polytechnicien. Encore moins ne pourra-t-on vous charger d'un cours à l'École polytechnique... ni à la maternelle supérieure*[3]. »*

La probabilité des événements n'étant plus gouvernée par la logique, le comble de l'extravagance devient plausible. La jeune fille est incapable de faire une soustraction mais capable d'apprendre « par cœur tous les résultats possibles de toutes les multiplications possibles[4] *».*

Lorsque la logique se permet toutes les libertés, le rapport causal en fait de même. Ainsi, le Professeur affirme péremptoirement qu'il faut savoir soustraire, c'est-à-dire « désintégrer. C'est ça la vie. C'est ça la philosophie. C'est ça la science. C'est ça le progrès, la civilisation[5] *». Il passe allégrement d'une*

---

1. P. 29.
2. « LE PROFESSEUR : Cela ne vous ennuierait pas de me dire... / L'ÉLÈVE : Du tout, monsieur, allez-y. / LE PROFESSEUR : Combien font un et un ? / L'ÉLÈVE : Un et un font deux. / LE PROFESSEUR, *émerveillé par le savoir de l'Élève* : Oh, mais c'est très bien. Vous me paraissez très avancée dans vos études. Vous aurez facilement votre doctorat total, mademoiselle » (p. 36-37).
3. P. 51.
4. P. 53.
5. P. 44.

*généralisation à une autre pour aboutir à un amalgame
immense, l'esprit de système s'en donnant à cœur joie. Lorsque
l'Élève veut comprendre la raison pour laquelle il est impossible
de soustraire « trois nombres d'une unité », on lui fournit une
réponse qui repose sur un tour de passe-passe avec le principe de
causalité : « Il en est ainsi, mademoiselle. Ça ne s'explique
pas. Ça se comprend par un raisonnement mathématique
intérieur. On l'a ou on ne l'a pas*[1]. » *L'esquive tourne à la
galéjade, la science devient science-fiction et le discours
charabia :*

« Sachez seulement qu'il n'y a pas que des nombres... il y a
aussi des grandeurs, des sommes, il y a des groupes, il y a des
tas, des tas de choses telles que les prunes, les wagons, les oies,
les pépins, etc. Supposons simplement, pour faciliter notre
travail, que nous n'avons que des nombres égaux, les plus grands
seront ceux qui auront le plus d'unités égales.

« *L'ÉLÈVE : Celui qui en aura le plus sera le plus grand ?
Ah, je comprends, monsieur, vous identifiez la qualité à la
quantité*[2]. »

*L'incohérence se manifeste ici dans l'hétéromorphisme d'une
série qui exploite les ruptures sémantiques. On a donc affaire à
une variété de coq-à-l'âne étendu à l'échelle d'un paragraphe.*

Dans le cas le plus extrême, Ionesco imagine une logique
fictive *qui structure le monde de façon saugrenue. Nous
explorons, comme dans* Alice au pays des merveilles *ou* De
l'autre côté du miroir, *le royaume du tératologique. Là, les
langues néo-espagnoles, néo-autrichiennes et monégasques existent au même titre que le* Jabberwocky *de Lewis Carroll. Là,
sept et un ne font huit que si l'opération n'est pas réitérée :*

« *LE PROFESSEUR : Sept et un ?*

1. P. 51.
2. P. 42.

« *L'ÉLÈVE : Huit.*

« *LE PROFESSEUR : Sept et un ?*

« *L'ÉLÈVE : Huit...* bis.

« *LE PROFESSEUR : Très bonne réponse. Sept et un ?*

« *L'ÉLÈVE : Huit* ter.

« *LE PROFESSEUR : Parfait. Excellent. Sept et un ?*

« *L'ÉLÈVE : Huit* quater. *Et parfois neuf*[1]. »

La systématisation subsiste puisque du degré zéro on passe successivement à bis, ter *et* quater, *mais elle substitue aussi l'aléatoire au principe d'identité nécessairement à l'œuvre en mathématiques.*

L'univers saugrenu et comique de La Leçon *rejoint parfois celui de* La Cantatrice chauve. *À preuve l'illustration du comparatif : « Les roses de ma grand-mère sont aussi jaunes que mon grand-père qui était asiatique*[2]. » *À preuve aussi cette leçon de déclamation : « [...] les sons remplis d'un air chaud plus léger que l'air environnant voltigeront, voltigeront sans plus risquer de tomber dans les oreilles des sourds qui sont les véritables gouffres, les tombeaux des sonorités*[3]. »

Tout compte fait, tel l'humoriste anglais, Ionesco opte pour de l'excentricité systématique. Celle-ci lui procure le plaisir de la découverte, de la surprise, de « l'illumination » dont il fait grand cas. Elle lui permet de désarçonner, de séduire le public par ses étranges trouvailles. Ce sens de l'excentricité, qui est aussi conscience de son propre personnage, est à la fois un art d'exister et un art d'écrire.

Aussi original soit-il, un tel univers s'apparente à ceux des absurdistes. Carroll, Lear, Vian, Queneau, les Frères Marx, les conteurs d'histoires de fous appartiennent à la même famille.

1. P. 38.
2. P. 66.
3. P. 60. Non seulement l'expression « tomber dans l'oreille d'un sourd » est mise au pluriel mais elle est prise au pied de la lettre.

Ils puisent leur créativité dans le jeu. Jeu avec le public, pour lui et contre lui. Jeu avec le matériau linguistique ou logique. Ce faisant, ils découvrent leur moi profond[1] car l'activité ludique est quête et révélation, jeu de cache-cache avec soi et les autres, dans l'entrelacs de l'être et du paraître. Alors, surgit dans toute sa vigueur et sa fraîcheur ce qu'Ionesco nomme « l'étonnement d'être[2] ».

En dernière analyse, la réussite de l'entreprise tient à ce qu'elle concilie l'esprit d'avant-garde, le divertissement et le souci de l'invraisemblance systématique, au point que les prouesses dialectiques des protagonistes sont en passe de devenir des morceaux d'anthologie du non-sens. Ce drame comique, ce crime sans châtiment, renouvelle donc le genre dramatique. Il respecte toutefois les données fondamentales sans lesquelles le théâtre cesserait d'exister, à savoir : l'opposition tranchée de personnages hauts en couleur, un ensemble de tableaux vivants, un dialogue qui fait mouche et une construction rythmique qui s'accompagne d'une tension évoluant vers un paroxysme. Reste aux contemporains d'Ionesco de tirer la leçon de La Leçon : *ne concilie-t-elle pas tradition et innovation ?*

Emmanuel JACQUART

---

1. « C'est en jouant et seulement en jouant, que l'individu, enfant ou adulte, est capable d'être créatif et d'utiliser sa personnalité tout entière. C'est seulement en étant créatif que l'individu découvre le soi » (D. W. Winnicott, *Jeu et réalité*, trad. Cl. Monod et J.-B. Pontalis, Gallimard, N.R.F., 1975, p. 76).

2. *Notes et contre-notes*, p. 65.

La Leçon

DRAME COMIQUE [1]

PERSONNAGES

LE PROFESSEUR, 50 à 60 ans   MARCEL CUVELIER.
LA JEUNE ÉLÈVE, 18 ans   ROSETTE ZUCHELLI.
LA BONNE, 45 à 50 ans   CLAUDE MANSARD.

La Leçon *a été représentée pour la première fois au théâtre de Poche le 20 février 1951.*
La mise en scène était de Marcel Cuvelier.

DÉCOR

Le cabinet de travail, servant aussi de salle à manger, du vieux professeur.

À gauche de la scène, une porte donnant dans les escaliers de l'immeuble ; au fond, à droite de la scène, une autre porte menant à un couloir de l'appartement.

Au fond, un peu sur la gauche, une fenêtre, pas très grande, avec des rideaux simples ; sur le bord extérieur de la fenêtre, des pots de fleurs banales.

On doit apercevoir, dans le lointain, des maisons basses, aux toits rouges : la petite ville. Le ciel est bleu-gris. Sur la droite, un buffet rustique. La table sert aussi de bureau : elle se trouve au milieu de la pièce. Trois chaises autour de la table, deux autres des deux côtés de la fenêtre, tapisserie claire, quelques rayons avec des livres.

Au lever du rideau, la scène est vide, elle le restera assez longtemps. Puis on entend la sonnette de la porte d'entrée. On entend la :

VOIX DE LA BONNE, *en coulisse.*

Oui. Tout de suite.

> *Précédant la bonne elle-même, qui, après avoir descendu, en courant, des marches, apparaît. Elle est forte ; elle a de 45 à 50 ans, rougeaude, coiffe paysanne.*

> LA BONNE *entre en coup de vent,*
> *fait claquer derrière elle la porte de droite,*
> *s'essuie les mains sur son tablier,*
> *tout en courant vers la porte de gauche,*
> *cependant qu'on entend*
> *un deuxième coup de sonnette.*

Patience. J'arrive. *(Elle ouvre la porte. Apparaît la jeune élève, âgée de 18 ans. Tablier gris, petit col blanc, serviette sous le bras.)* Bonjour, mademoiselle

L'ÉLÈVE

Bonjour, madame. Le Professeur est à la maison?

LA BONNE

C'est pour la leçon?

L'ÉLÈVE

Oui, madame.

LA BONNE

Il vous attend. Asseyez-vous un instant, je vais le prévenir.

L'ÉLÈVE

Merci, madame.

> *Elle s'assied près de la table, face au public ; à sa gauche, la porte d'entrée ; elle tourne le dos à l'autre porte par laquelle, toujours se dépêchant, sort la Bonne, qui appelle :*

LA BONNE

Monsieur, descendez, s'il vous plaît. Votre élève est arrivée.

VOIX DU PROFESSEUR [1], *plutôt fluette.*

Merci. Je descends... dans deux minutes...

> *La Bonne est sortie ; l'Élève, tirant sous elle ses jambes, sa serviette sur ses genoux, attend, gentiment ; un petit regard ou deux dans la pièce, sur les meubles, au plafond aussi ; puis elle tire de sa serviette un cahier, qu'elle feuillette, puis s'arrête plus longtemps sur une page, comme pour*

*répéter la leçon, comme pour jeter un dernier coup
d'œil sur ses devoirs. Elle a l'air d'une fille polie,
bien élevée, mais bien vivante, gaie, dynamique ;
un sourire frais sur les lèvres ; au cours du drame
qui va se jouer, elle ralentira progressivement le
rythme vif de ses mouvements, de son allure, elle
devra se refouler ; de gaie et souriante, elle
deviendra progressivement triste, morose ; très
vivante au début, elle sera de plus en plus
fatiguée, somnolente ; vers la fin du drame sa
figure devra exprimer nettement une dépression
nerveuse ; sa façon de parler s'en ressentira, sa
langue se fera pâteuse, les mots reviendront
difficilement dans sa mémoire et sortiront, tout
aussi difficilement, de sa bouche ; elle aura l'air
vaguement paralysée, début d'aphasie ; volontaire
au début, jusqu'à en paraître agressive, elle se
fera de plus en plus passive, jusqu'à ne plus être
qu'un objet mou et inerte, semblant inanimée,
entre les mains du Professeur ; si bien que lorsque
celui-ci en sera arrivé à accomplir le geste final,
l'Élève ne réagira plus ; insensibilisée, elle n'aura
plus de réflexes ; seuls ses yeux, dans une figure
immobile, exprimeront un étonnement et une
frayeur indicibles ; le passage d'un comportement
à l'autre devra se faire, bien entendu, insensiblement.*

*Le Professeur entre. C'est un petit vieux à
barbiche blanche ; il a des lorgnons, une calotte
noire, il porte une longue blouse noire de maître
d'école, pantalons et souliers noirs, faux col
blanc, cravate noire. Excessivement poli, très
timide, voix assourdie par la timidité, très correct,*

très professeur. Il se frotte tout le temps les mains[1]*; de temps à autre, une lueur lubrique dans les yeux, vite réprimée.*

Au cours du drame, sa timidité disparaîtra progressivement, insensiblement ; les lueurs lubriques de ses yeux finiront par devenir une flamme dévorante, ininterrompue ; d'apparence plus qu'inoffensive au début de l'action, le Professeur deviendra de plus en plus sûr de lui, nerveux, agressif, dominateur, jusqu'à se jouer comme il lui plaira de son élève, devenue, entre ses mains, une pauvre chose. Évidemment la voix du Professeur devra elle aussi devenir, de maigre et fluette, de plus en plus forte, et, à la fin, extrêmement puissante, éclatante, clairon sonore, tandis que la voix de l'Élève se fera presque inaudible, de très claire et bien timbrée qu'elle aura été au début du drame. Dans les premières scènes, le Professeur bégaiera, très légèrement, peut-être.

LE PROFESSEUR

Bonjour, mademoiselle... C'est vous, c'est bien vous, n'est-ce pas, la nouvelle élève ?

L'ÉLÈVE *se retourne vivement,*
l'air très dégagée,
jeune fille du monde ;
elle se lève, s'avance vers le Professeur,
lui tend la main.

Oui, monsieur. Bonjour, monsieur. Vous voyez, je suis venue à l'heure. Je n'ai pas voulu être en retard.

LE PROFESSEUR

C'est bien, mademoiselle. Merci, mais il ne fallait pas vous presser. Je ne sais comment m'excuser de vous avoir fait attendre... Je finissais justement... n'est-ce pas, de... Je m'excuse... Vous m'excuserez...

L'ÉLÈVE

Il ne faut pas, monsieur. Il n'y a aucun mal, monsieur.

LE PROFESSEUR

Mes excuses [1]... Vous avez eu de la peine à trouver la maison ?

L'ÉLÈVE

Du tout... Pas du tout. Et puis j'ai demandé. Tout le monde vous connaît ici.

LE PROFESSEUR

Il y a trente ans que j'habite la ville. Vous n'y êtes pas depuis longtemps ! Comment la trouvez-vous ?

L'ÉLÈVE

Elle ne me déplaît nullement. C'est une jolie ville, agréable, un joli parc, un pensionnat, un évêque, de beaux magasins, des rues, des avenues [2]...

LE PROFESSEUR

C'est vrai, mademoiselle. Pourtant j'aimerais autant vivre autre part. À Paris, ou au moins à Bordeaux.

L'ÉLÈVE

Vous aimez Bordeaux ?

LE PROFESSEUR

Je ne sais pas. Je ne connais pas.

L'ÉLÈVE

Alors vous connaissez Paris ?

LE PROFESSEUR

Non plus, mademoiselle, mais, si vous me le permettez, pourriez-vous me dire, Paris, c'est le chef-lieu de... mademoiselle ?

L'ÉLÈVE *cherche un instant,*
puis, heureuse de savoir.

Paris, c'est le chef-lieu [1] de... la France ?

LE PROFESSEUR

Mais oui, mademoiselle, bravo, mais c'est très bien, c'est parfait. Mes félicitations. Vous connaissez votre géographie nationale sur le bout des ongles. Vos chefs-lieux.

L'ÉLÈVE

Oh ! je ne les connais pas tous encore, monsieur, ce n'est pas si facile que ça, j'ai du mal à les apprendre.

LE PROFESSEUR

Oh, ça viendra... Du courage... mademoiselle... Je m'excuse... de la patience... doucement, doucement... Vous verrez, ça viendra... Il fait beau aujourd'hui... ou plutôt pas tellement... Oh ! si quand même. Enfin, il ne fait pas trop mauvais, c'est le principal... Euh... euh... Il ne pleut pas, il ne neige pas non plus.

L'ÉLÈVE

Ce serait bien étonnant, car nous sommes en été.

LE PROFESSEUR

Je m'excuse, mademoiselle, j'allais vous le dire... mais vous apprendrez que l'on peut s'attendre à tout.

L'ÉLÈVE

Évidemment, monsieur.

LE PROFESSEUR

Nous ne pouvons être sûrs de rien, mademoiselle, en ce monde.

L'ÉLÈVE

La neige tombe l'hiver. L'hiver, c'est une des quatre saisons. Les trois autres sont... euh... le prin...

LE PROFESSEUR

Oui?

L'ÉLÈVE

... temps, et puis l'été... et... euh...

LE PROFESSEUR

Ça commence comme automobile, mademoiselle.

L'ÉLÈVE

Ah, oui, l'automne...

LE PROFESSEUR

C'est bien cela, mademoiselle, très bien répondu, c'est parfait. Je suis convaincu que vous serez une

bonne élève. Vous ferez des progrès. Vous êtes intelli-
gente, vous me paraissez instruite, bonne mémoire.

L'ÉLÈVE

Je connais mes saisons, n'est-ce pas, monsieur?

LE PROFESSEUR

Mais oui, mademoiselle... ou presque. Mais ça
viendra. De toute façon, c'est déjà bien. Vous arriverez
à les connaître, toutes vos saisons, les yeux fermés.
Comme moi.

L'ÉLÈVE

C'est difficile.

LE PROFESSEUR

Oh, non. Il suffit d'un petit effort, de la bonne
volonté, mademoiselle. Vous verrez. Ça viendra,
soyez-en sûre.

L'ÉLÈVE

Oh, je voudrais bien, monsieur. J'ai une telle soif de
m'instruire. Mes parents aussi désirent que j'appro-
fondisse mes connaissances. Ils veulent que je me
spécialise. Ils pensent qu'une simple culture générale,
même si elle est solide, ne suffit plus, à notre époque.

LE PROFESSEUR

Vos parents, mademoiselle, ont parfaitement raison.
Vous devez pousser vos études. Je m'excuse de vous le
dire, mais c'est une chose nécessaire. La vie contemporaine est devenue très complexe.

L'ÉLÈVE

Et tellement compliquée... Mes parents sont assez fortunés, j'ai de la chance. Ils pourront m'aider à travailler, à faire des études très supérieures.

LE PROFESSEUR

Et vous voudriez vous présenter...

L'ÉLÈVE

Le plus tôt possible, au premier concours de doctorat[1]. C'est dans trois semaines.

LE PROFESSEUR

Vous avez déjà votre baccalauréat, si vous me permettez de vous poser la question.

L'ÉLÈVE

Oui, monsieur, j'ai mon bachot sciences, et mon bachot lettres.

LE PROFESSEUR

Oh, mais vous êtes très avancée, même trop avancée pour votre âge. Et quel doctorat voulez-vous passer? Sciences matérielles ou philosophie normale[2]?

L'ÉLÈVE

Mes parents voudraient bien, si vous croyez que cela est possible en si peu de temps, ils voudraient bien que je passe mon doctorat total.

LE PROFESSEUR

Le doctorat total?... Vous avez beaucoup de courage, mademoiselle, je vous félicite sincèrement. Nous

tâcherons, mademoiselle, de faire de notre mieux
D'ailleurs, vous êtes déjà assez savante. À un si jeune
âge.

L'ÉLÈVE

Oh, monsieur.

LE PROFESSEUR

Alors, si vous voulez bien me permettre, mes
excuses, je vous dirais qu'il faut se mettre au travail.
Nous n'avons guère de temps à perdre.

L'ÉLÈVE

Mais au contraire, monsieur, je le veux bien. Et
même je vous en prie.

LE PROFESSEUR

Puis-je donc vous demander de vous asseoir... là...
Voulez-vous me permettre, mademoiselle, si vous n'y
voyez pas d'inconvénients, de m'asseoir en face de
vous ?

L'ÉLÈVE

Certainement, monsieur. Je vous en prie.

LE PROFESSEUR

Merci bien, mademoiselle. *(Ils s'assoient l'un en face de
l'autre, à table, de profil à la salle.)* Voilà. Vous avez vos
livres, vos cahiers ?

L'ÉLÈVE, *sortant des cahiers*
et des livres de sa serviette.

Oui, monsieur. Bien sûr, j'ai là tout ce qu'il faut.

LE PROFESSEUR

Parfait, mademoiselle. C'est parfait. Alors, si cela ne vous ennuie pas... pouvons-nous commencer?

L'ÉLÈVE

Mais oui, monsieur, je suis à votre disposition[1], monsieur.

LE PROFESSEUR

À ma disposition?... *(Lueur dans les yeux vite éteinte, un geste, qu'il réprime.)* Oh, mademoiselle, c'est moi qui suis à votre disposition. Je ne suis que votre serviteur.

L'ÉLÈVE

Oh, monsieur...

LE PROFESSEUR

Si vous voulez bien... alors... nous... nous... je... je commencerai par faire un examen sommaire de vos connaissances passées et présentes, afin de pouvoir en dégager la voie future... Bon. Où en est votre perception de la pluralité?

L'ÉLÈVE

Elle est assez vague... confuse.

LE PROFESSEUR

Bon. Nous allons voir ça.

> *Il se frotte les mains. La Bonne entre, ce qui a l'air d'irriter le Professeur ; elle se dirige vers le buffet, y cherche quelque chose, s'attarde.*

LE PROFESSEUR

Voyons, mademoiselle, voulez-vous que nous fassions un peu d'arithmétique, si vous voulez bien...

L'ÉLÈVE

Mais oui, monsieur. Certainement, je ne demande que ça.

LE PROFESSEUR

C'est une science assez nouvelle, une science moderne ; à proprement parler, c'est plutôt une méthode qu'une science... C'est aussi une thérapeutique[1]. *(À la Bonne.)* Marie, est-ce que vous avez fini ?

LA BONNE

Oui, monsieur, j'ai trouvé l'assiette. Je m'en vais...

LE PROFESSEUR

Dépêchez-vous. Allez à votre cuisine, s'il vous plaît.

LA BONNE

Oui, monsieur. J'y vais.

Fausse sortie de la Bonne.

LA BONNE

Excusez-moi, monsieur, faites attention, je vous recommande le calme.

LE PROFESSEUR

Vous êtes ridicule, Marie, voyons. Ne vous inquiétez pas.

LA BONNE

On[1] dit toujours ça.

LE PROFESSEUR

Je n'admets pas vos insinuations. Je sais parfaitement comment me conduire. Je suis assez vieux pour cela.

LA BONNE

Justement, monsieur. Vous feriez mieux de ne pas commencer par l'arithmétique avec mademoiselle. L'arithmétique ça fatigue, ça énerve.

LE PROFESSEUR

Plus à mon âge. Et puis de quoi vous mêlez-vous ? C'est mon affaire. Et je la connais. Votre place n'est pas ici.

LA BONNE

C'est bien, monsieur. Vous ne direz pas que je ne vous ai pas averti.

LE PROFESSEUR

Marie, je n'ai que faire de vos conseils.

LA BONNE

C'est comme monsieur veut.

Elle sort.

LE PROFESSEUR

Excusez-moi, mademoiselle, pour cette sotte interruption. Excusez cette femme... Elle a toujours peur que je me fatigue. Elle craint pour ma santé.

L'ÉLÈVE

Oh, c'est tout excusé, monsieur. Ça prouve qu'elle vous est dévouée. Elle vous aime bien. C'est rare, les bons domestiques.

LE PROFESSEUR

Elle exagère. Sa peur est stupide. Revenons à nos moutons arithmétiques.

L'ÉLÈVE

Je vous suis, monsieur.

LE PROFESSEUR, *spirituel*.

Tout en restant assise !

L'ÉLÈVE, *appréciant le mot d'esprit*.

Comme vous, monsieur.

LE PROFESSEUR

Bon. Arithmétisons donc un peu.

L'ÉLÈVE

Oui, très volontiers, monsieur.

LE PROFESSEUR

Cela ne vous ennuierait pas de me dire...

L'ÉLÈVE

Du tout, monsieur, allez-y.

LE PROFESSEUR

Combien font un et un ?

L'ÉLÈVE

Un et un font deux.

LE PROFESSEUR, *émerveillé*
par le savoir de l'Élève.

Oh, mais c'est très bien. Vous me paraissez très avancée dans vos études. Vous aurez facilement votre doctorat total, mademoiselle.

L'ÉLÈVE

Je suis bien contente. D'autant plus que c'est vous qui le dites.

LE PROFESSEUR

Poussons plus loin : combien font deux et un ?

L'ÉLÈVE

Trois.

LE PROFESSEUR

Trois et un ?

L'ÉLÈVE

Quatre.

LE PROFESSEUR

Quatre et un ?

L'ÉLÈVE

Cinq.

LE PROFESSEUR

Cinq et un ?

L'ÉLÈVE

Six.

LE PROFESSEUR

Six et un?

L'ÉLÈVE

Sept.

LE PROFESSEUR

Sept et un?

L'ÉLÈVE

Huit.

LE PROFESSEUR

Sept et un?

L'ÉLÈVE

Huit... *bis.*

LE PROFESSEUR

Très bonne réponse. Sept et un?

L'ÉLÈVE

Huit *ter.*

LE PROFESSEUR

Parfait. Excellent. Sept et un?

L'ÉLÈVE

Huit *quater.* Et parfois neuf[1].

LE PROFESSEUR

Magnifique! Vous êtes magnifique! Vous êtes exquise. Je vous félicite chaleureusement, mademoiselle. Ce n'est pas la peine de continuer. Pour l'addition, vous êtes magistrale. Voyons la soustraction. Dites-moi, seulement, si vous n'êtes pas épuisée, combien font quatre moins trois?

L'ÉLÈVE

Quatre moins trois?... Quatre moins trois?

LE PROFESSEUR

Oui. Je veux dire : retirez trois de quatre.

L'ÉLÈVE

Ça fait... sept?

LE PROFESSEUR

Je m'excuse d'être obligé de vous contredire. Quatre moins trois ne font pas sept. Vous confondez : quatre plus trois font sept, quatre moins trois ne font pas sept... Il ne s'agit plus d'additionner, il faut soustraire maintenant[1].

L'ÉLÈVE *s'efforce de comprendre.*

Oui... oui...

LE PROFESSEUR

Quatre moins trois font... Combien?... Combien?

L'ÉLÈVE

Quatre?

LE PROFESSEUR

Non, mademoiselle, ce n'est pas ça.

L'ÉLÈVE

Trois, alors.

LE PROFESSEUR

Non plus, mademoiselle... Pardon, je dois le dire...
Ça ne fait pas ça... mes excuses.

L'ÉLÈVE

Quatre moins trois... Quatre moins trois... Quatre
moins trois?... Ça ne fait tout de même pas dix?

LE PROFESSEUR

Oh, certainement pas, mademoiselle. Mais il ne
s'agit pas de deviner, il faut raisonner. Tâchons de le
déduire ensemble. Voulez-vous compter?

L'ÉLÈVE

Oui, monsieur. Un..., deux... euh...

LE PROFESSEUR

Vous savez bien compter? Jusqu'à combien savez-
vous compter?

L'ÉLÈVE

Je puis compter... à l'infini.

LE PROFESSEUR

Cela n'est pas possible, mademoiselle.

LE PROFESSEUR

Alors, mettons jusqu'à seize.

LE PROFESSEUR

Cela suffit. Il faut savoir se limiter. Comptez donc, s'il vous plaît, je vous en prie.

L'ÉLÈVE

Un..., deux..., et puis après deux, il y a trois... quatre...

LE PROFESSEUR

Arrêtez-vous, mademoiselle. Quel nombre est plus grand? Trois ou quatre?

L'ÉLÈVE

Euh... trois ou quatre? Quel est le plus grand? Le plus grand de trois ou quatre? Dans quel sens le plus grand?

LE PROFESSEUR

Il y a des nombres plus petits et d'autres plus grands. Dans les nombres plus grands il y a plus d'unités que dans les petits...

L'ÉLÈVE

... Que dans les petits nombres?

LE PROFESSEUR

À moins que les petits aient des unités plus petites. Si elles sont toutes petites, il se peut qu'il y ait plus d'unités dans les petits nombres que dans les grands... s'il s'agit d'autres unités...

L'ÉLÈVE

Dans ce cas, les petits nombres peuvent être plus grands que les grands nombres ?

LE PROFESSEUR

Laissons cela. Ça nous mènerait beaucoup trop loin : sachez seulement qu'il n'y a pas que des nombres... il y a aussi des grandeurs, des sommes, il y a des groupes, il y a des tas, des tas de choses telles que les prunes, les wagons, les oies, les pépins, etc[1]. Supposons simplement, pour faciliter notre travail, que nous n'avons que des nombres égaux, les plus grands seront ceux qui auront le plus d'unités égales.

L'ÉLÈVE

Celui qui en aura le plus sera le plus grand ? Ah, je comprends, monsieur, vous identifiez la qualité à la quantité.

LE PROFESSEUR

Cela est trop théorique, mademoiselle, trop théorique. Vous n'avez pas à vous inquiéter de cela. Prenons notre exemple et raisonnons sur ce cas précis. Laissons pour plus tard les conclusions générales. Nous avons le nombre quatre et le nombre trois, avec chacun un nombre toujours égal d'unités ; quel nombre sera le plus grand, le nombre plus petit ou le nombre plus grand ?

L'ÉLÈVE

Excusez-moi, monsieur... Qu'entendez-vous par le nombre le plus grand ? Est-ce celui qui est moins petit que l'autre ?

LE PROFESSEUR

C'est ça, mademoiselle, parfait. Vous m'avez très bien compris.

L'ÉLÈVE

Alors, c'est quatre.

LE PROFESSEUR

Qu'est-ce qu'il est, le quatre? Plus grand ou plus petit que trois?

L'ÉLÈVE

Plus petit... non, plus grand.

LE PROFESSEUR

Excellente réponse. Combien d'unités avez-vous de trois à quatre?... ou de quatre à trois, si vous préférez?

L'ÉLÈVE

Il n'y a pas d'unités, monsieur, entre trois et quatre. Quatre vient tout de suite après trois; il n'y a rien du tout entre trois et quatre[1]!

LE PROFESSEUR

Je me suis mal fait comprendre. C'est sans doute ma faute. Je n'ai pas été assez clair.

L'ÉLÈVE

Non, monsieur, la faute est mienne.

LE PROFESSEUR

Tenez. Voici trois allumettes. En voici encore une, ça fait quatre. Regardez bien, vous en avez quatre, j'en retire une, combien vous en reste-t-il?

> *On ne voit pas les allumettes, ni aucun des*
> *objets, d'ailleurs, dont il est question ; le Profes-*
> *seur se lèvera de table, écrira sur un tableau*
> *inexistant avec une craie inexistante, etc* [1].

L'ÉLÈVE

Cinq. Si trois et un font quatre, quatre et un font cinq.

LE PROFESSEUR

Ce n'est pas ça. Ce n'est pas ça du tout. Vous avez toujours tendance à additionner. Mais il faut aussi soustraire. Il ne faut pas uniquement intégrer. Il faut aussi désintégrer. C'est ça la vie. C'est ça la philosophie. C'est ça la science. C'est ça le progrès, la civilisation.

L'ÉLÈVE

Oui, monsieur.

LE PROFESSEUR

Revenons à nos allumettes. J'en ai donc quatre. Vous voyez, elles sont bien quatre. J'en retire une, il n'en reste plus que...

L'ÉLÈVE

Je ne sais pas, monsieur.

LE PROFESSEUR

Voyons, réfléchissez. Ce n'est pas facile, je l'admets. Pourtant, vous êtes assez cultivée pour pouvoir faire l'effort intellectuel demandé et parvenir à comprendre. Alors ?

L'ÉLÈVE

Je n'y arrive pas, monsieur. Je ne sais pas, monsieur.

LE PROFESSEUR

Prenons des exemples plus simples. Si vous aviez eu deux nez, et je vous en aurais arraché un [1]... combien vous en resterait-il maintenant?

L'ÉLÈVE

Aucun.

LE PROFESSEUR

Comment aucun?

L'ÉLÈVE

Oui, c'est justement parce que vous n'en avez arraché aucun, que j'en ai un maintenant. Si vous l'aviez arraché, je ne l'aurais plus.

LE PROFESSEUR

Vous n'avez pas compris mon exemple. Supposez que vous n'avez qu'une seule oreille.

L'ÉLÈVE

Oui, après?

LE PROFESSEUR

Je vous en ajoute une, combien en auriez-vous?

L'ÉLÈVE

Deux.

LE PROFESSEUR

Bon. Je vous en ajoute encore une. Combien en auriez-vous ?

L'ÉLÈVE

Trois oreilles.

LE PROFESSEUR

J'en enlève une... Il vous reste... combien d'oreilles ?

L'ÉLÈVE

Deux.

LE PROFESSEUR

Bon. J'en enlève encore une, combien vous en reste-t-il ?

L'ÉLÈVE

Deux

LE PROFESSEUR

Non. Vous en avez deux, j'en prends une, je vous en mange une [1], combien vous en reste-t-il ?

L'ÉLÈVE

Deux.

LE PROFESSEUR

J'en mange une... une.

L'ÉLÈVE

Deux.

LE PROFESSEUR

Une.

L'ÉLÈVE

Deux.

LE PROFESSEUR

Une !

L'ÉLÈVE

Deux !

LE PROFESSEUR

Une !!!

L'ÉLÈVE

Deux !!!

LE PROFESSEUR

Une !!!

L'ÉLÈVE

Deux !!!

LE PROFESSEUR

Une !!!

L'ÉLÈVE

Deux [1] !!!

LE PROFESSEUR

Non. Non. Ce n'est pas ça. L'exemple n'est pas... n'est pas convaincant. Écoutez-moi.

L'ÉLÈVE

Oui, monsieur.

LE PROFESSEUR

Vous avez... vous avez... vous avez...

L'ÉLÈVE

Dix doigts !...

LE PROFESSEUR

Si vous voulez. Parfait. Bon. Vous avez donc dix doigts.

L'ÉLÈVE

Oui, monsieur.

LE PROFESSEUR

Combien en auriez-vous, si vous en aviez cinq ?

L'ÉLÈVE

Dix, monsieur.

LE PROFESSEUR

Ce n'est pas ça !

L'ÉLÈVE

Si, monsieur.

LE PROFESSEUR

Je vous dis que non !

L'ÉLÈVE

Vous venez de me dire que j'en ai dix...

LE PROFESSEUR

Je vous ai dit aussi, tout de suite après, que vous en aviez cinq !

L'ÉLÈVE

Je n'en ai pas cinq, j'en ai dix !

LE PROFESSEUR

Procédons autrement... Limitons-nous aux nombres de un à cinq, pour la soustraction... Attendez, mademoiselle, vous allez voir. Je vais vous faire comprendre. *(Le Professeur se met à écrire à un tableau noir imaginaire. Il l'approche de l'Élève, qui se retourne pour regarder.)* Voyez, mademoiselle. *(Il fait semblant de dessiner, au tableau noir, un bâton ; il fait semblant d'écrire au-dessous le chiffre 1 ; puis deux bâtons, sous lesquels il fait le chiffre 2, puis en dessous le chiffre 3, puis quatre bâtons au-dessous desquels il fait le chiffre 4.)* Vous voyez...

L'ÉLÈVE

Oui, monsieur.

LE PROFESSEUR

Ce sont des bâtons, mademoiselle, des bâtons. Ici, c'est un bâton ; là ce sont deux bâtons ; là, trois bâtons, puis quatre bâtons, puis cinq bâtons. Un bâton, deux bâtons, trois bâtons, quatre et cinq bâtons, ce sont des nombres. Quand on compte des bâtons, chaque bâton est une unité, mademoiselle... Qu'est-ce que je viens de dire ?

L'ÉLÈVE

« Une unité, mademoiselle ! Qu'est-ce que je viens de dire ? »

LE PROFESSEUR

Ou des chiffres ! ou des nombres ! Un, deux, trois, quatre, cinq, ce sont des éléments de la numération, mademoiselle.

L'ÉLÈVE, *hésitante.*

Oui, monsieur. Des éléments, des chiffres, qui sont des bâtons, des unités et des nombres...

LE PROFESSEUR

À la fois... C'est-à-dire, en définitive, toute l'arithmétique elle-même est là.

L'ÉLÈVE

Oui, monsieur. Bien, monsieur. Merci, monsieur.

LE PROFESSEUR

Alors, comptez, si vous voulez, en vous servant de ces éléments... additionnez et soustrayez...

L'ÉLÈVE, *comme pour imprimer
dans sa mémoire.*

Les bâtons sont bien des chiffres et les nombres, des unités ?

LE PROFESSEUR

Hum... si l'on peut dire. Et alors ?

L'ÉLÈVE

On peut soustraire deux unités de trois unités, mais peut-on soustraire deux deux de trois trois ? et deux chiffres de quatre nombres ? et trois nombres d'une unité ?

LE PROFESSEUR

Non, mademoiselle.

L'ÉLÈVE

Pourquoi, monsieur ?

LE PROFESSEUR

Parce que, mademoiselle.

L'ÉLÈVE

Parce que quoi, monsieur ? Puisque les uns sont bien les autres ?

LE PROFESSEUR

Il en est ainsi, mademoiselle. Ça ne s'explique pas. Ça se comprend par un raisonnement mathématique intérieur. On l'a ou on ne l'a pas.

L'ÉLÈVE

Tant pis !

LE PROFESSEUR

Écoutez-moi, mademoiselle, si vous n'arrivez pas à comprendre profondément ces principes, ces archétypes arithmétiques, vous n'arriverez jamais à faire correctement un travail de polytechnicien. Encore moins ne pourra-t-on vous charger d'un cours à l'École polytechnique... ni à la maternelle supérieure. Je reconnais que ce n'est pas facile, c'est très, très abstrait... évidemment... mais comment pourriez-vous arriver, avant d'avoir bien approfondi les éléments premiers, à calculer mentalement combien font, et ceci est la moindre des choses pour un ingénieur moyen — combien font, par exemple, trois milliards sept cent cinquante-cinq millions neuf cent quatre-vingt-dix-huit mille deux cent cinquante et un, multiplié par cinq milliards cent soixante-deux millions trois cent trois mille cinq cent huit ?

L'ÉLÈVE, *très vite.*

Ça fait dix-neuf quintillions trois cent quatre-vingt-dix quadrillions deux trillions huit cent quarante-quatre milliards deux cent dix-neuf millions cent soixante-quatre mille cinq cent huit[1]...

LE PROFESSEUR, *étonné.*

Non. Je ne pense pas. Ça doit faire dix-neuf quintillions trois cent quatre-vingt-dix quadrillions deux trillions huit cent quarante-quatre milliards deux cent dix-neuf millions cent soixante-quatre mille cinq cent neuf...

L'ÉLÈVE

... Non... cinq cent huit...

LE PROFESSEUR, *de plus en plus étonné,*
calcule mentalement.

Oui... Vous avez raison... le produit est bien... *(Il bredouille inintelligiblement.)* ... quintillions, quadrillions, trillions, milliards, millions... *(Distinctement.)* ... cent soixante-quatre mille cinq cent huit... *(Stupéfait.)* Mais comment le savez-vous, si vous ne connaissez pas les principes du raisonnement arithmétique ?

L'ÉLÈVE

C'est simple. Ne pouvant me fier à mon raisonnement, j'ai appris par cœur tous les résultats possibles de toutes les multiplications possibles.

LE PROFESSEUR

C'est assez fort... Pourtant, vous me permettrez de vous avouer que cela ne me satisfait pas, mademoiselle, et je ne vous féliciterai pas : en mathématiques et en arithmétique tout spécialement, ce qui compte — car en arithmétique il faut toujours compter — ce qui compte, c'est surtout de comprendre... C'est par un raisonnement mathématique, inductif et déductif à la fois[1], que vous auriez dû trouver ce résultat — ainsi que tout autre résultat. Les mathématiques sont les ennemies acharnées de la mémoire, excellente par ailleurs, mais néfaste, arithmétiquement parlant !... Je ne suis donc pas content... ça ne va donc pas, mais pas du tout...

L'ÉLÈVE, *désolée*.

Non, monsieur.

LE PROFESSEUR

Laissons cela pour le moment. Passons à un autre genre d'exercice[2]...

L'ÉLÈVE

Oui, monsieur.

LA BONNE, *entrant*.

Hum, hum, monsieur...

LE PROFESSEUR, *qui n'entend pas.*

C'est dommage, mademoiselle, que vous soyez si peu avancée en mathématiques spéciales...

LA BONNE, *le tirant par la manche.*

Monsieur! monsieur!

LE PROFESSEUR

Je crains que vous ne puissiez vous présenter au concours du doctorat total...

L'ÉLÈVE

Oui, monsieur, dommage!

LE PROFESSEUR

Au moins si vous... *(À la Bonne.)* Mais laissez-moi, Marie... Voyons, de quoi vous mêlez-vous? À la cuisine! À votre vaisselle! Allez! Allez! *(À l'Élève.)* Nous tâcherons de vous préparer pour le passage, au moins, du doctorat partiel...

LA BONNE

Monsieur!... monsieur!...

Elle le tire par la manche.

LE PROFESSEUR, *à la Bonne.*

Mais lâchez-moi donc! Lâchez-moi! Qu'est-ce que ça veut dire?... *(À l'Élève.)* Je dois donc vous enseigner, si vous tenez vraiment à vous présenter au doctorat partiel...

L'ÉLÈVE

Oui, monsieur.

LE PROFESSEUR

... Les éléments de la linguistique et de la philologie comparée...

LA BONNE

Non, monsieur, non!... Il ne faut pas!...

LE PROFESSEUR

Marie, vous exagérez!

LA BONNE

Monsieur, surtout pas de philologie, la philologie mène au pire...

L'ÉLÈVE, *étonnée.*

Au pire? *(Souriant, un peu bête.)* En voilà une histoire!

LE PROFESSEUR, *à la Bonne.*

C'est trop fort! Sortez!

LA BONNE

Bien, monsieur, bien. Mais vous ne direz pas que je ne vous ai pas averti! La philologie mène au pire!

LE PROFESSEUR

Je suis majeur, Marie!

L'ÉLÈVE

Oui, monsieur.

LA BONNE

C'est comme vous voudrez !

Elle sort.

LE PROFESSEUR

Continuons, mademoiselle.

L'ÉLÈVE

Oui, monsieur.

LE PROFESSEUR

Je vais donc vous prier d'écouter avec la plus grande attention mon cours, tout préparé...

L'ÉLÈVE

Oui, monsieur.

LE PROFESSEUR

... Grâce auquel, en quinze minutes, vous pouvez acquérir les principes fondamentaux de la philologie linguistique et comparée des langues néo-espagnoles.

L'ÉLÈVE

Oui, monsieur, oh !

Elle frappe dans ses mains

LE PROFESSEUR, *avec autorité.*

Silence ! Que veut dire cela ?

L'ÉLÈVE

Pardon, monsieur.

Lentement, elle remet ses mains sur la table.

LE PROFESSEUR

Silence ! *(Il se lève, se promène dans la chambre, les mains derrière le dos ; de temps en temps, il s'arrête, au milieu de la pièce ou auprès de l'Élève, et appuie ses paroles d'un geste de la main ; il pérore, sans trop charger ; l'Élève le suit du regard et a, parfois, certaine difficulté à le suivre car elle doit beaucoup tourner la tête ; une ou deux fois, pas plus, elle se retourne complètement.)* Ainsi donc, mademoiselle, l'espagnol est bien la langue mère d'où sont nées toutes les langues néo-espagnoles, dont l'espagnol, le latin, l'italien, notre français, le portugais, le roumain, le sarde ou sardanapale, l'espagnol et le néo-espagnol [1] — et aussi, pour certains de ses aspects, le turc lui-même plus rapproché cependant du grec, ce qui est tout à fait logique, étant donné que la Turquie est voisine de la Grèce et la Grèce plus près de la Turquie que vous et moi : ceci n'est qu'une illustration de plus d'une loi linguistique très importante selon laquelle géographie et philologie sont sœurs jumelles... Vous pouvez prendre note, mademoiselle.

L'ÉLÈVE, *d'une voix éteinte.*

Oui, monsieur !

LE PROFESSEUR

Ce qui distingue les langues néo-espagnoles entre elles et leurs idiomes des autres groupes linguistiques, tels que le groupe des langues autrichiennes et néo-autrichiennes ou habsbourgiques, aussi bien que des groupes espérantiste [2], helvétique, monégasque, suisse, andorrien, basque, pelote, aussi bien encore que des groupes des langues diplomatique et technique — ce qui les distingue, dis-je, c'est leur ressemblance frap-

pante qui fait qu'on a bien du mal à les distinguer
l'une de l'autre — je parle des langues néo-espagnoles
entre elles, que l'on arrive à distinguer, cependant,
grâce à leurs caractères distinctifs, preuves absolument
indiscutables de l'extraordinaire ressemblance, qui
rend indiscutable leur communauté d'origine, et qui,
en même temps, les différencie profondément — par le
maintien des traits distinctifs dont je viens de parler.

L'ÉLÈVE

Oooh ! oouuii, monsieur !

LE PROFESSEUR

Mais ne nous attardons pas dans les généralités...

L'ÉLÈVE, *regrettant, séduite.*

Oh, monsieur...

LE PROFESSEUR

Cela a l'air de vous intéresser. Tant mieux, tant
mieux.

L'ÉLÈVE

Oh, oui, monsieur...

LE PROFESSEUR

Ne vous inquiétez pas, mademoiselle. Nous y revien-
drons plus tard... à moins que ce ne soit plus du tout.
Qui pourrait le dire ?

L'ÉLÈVE, *enchantée, malgré tout.*

Oh, oui, monsieur.

LE PROFESSEUR

Toute langue, mademoiselle, sachez-le, souvenez-vous-en *jusqu'à l'heure de votre mort...*

L'ÉLÈVE

Oh! oui, monsieur, jusqu'à l'heure de ma mort... Oui, monsieur...

LE PROFESSEUR

... et ceci est encore un principe fondamental, toute langue n'est en somme qu'un langage, ce qui implique nécessairement qu'elle se compose de sons, ou...

L'ÉLÈVE

Phonèmes...

LE PROFESSEUR

J'allais vous le dire. N'étalez donc pas votre savoir. Écoutez, plutôt.

L'ÉLÈVE

Bien, monsieur. Oui, monsieur.

LE PROFESSEUR

Les sons, mademoiselle, doivent être saisis au vol par les ailes pour qu'ils ne tombent pas dans les oreilles des sourds. Par conséquent, lorsque vous vous décidez d'articuler, il est recommandé, dans la mesure du possible, de lever très haut le cou et le menton, de vous élever sur la pointe des pieds, tenez, ainsi, vous voyez...

L'ÉLÈVE

Oui, monsieur.

LE PROFESSEUR

Taisez-vous. Restez assise, n'interrompez pas... Et d'émettre les sons très haut et de toute la force de vos poumons associée à celle de vos cordes vocales. Comme ceci : regardez : « papillon », « eurêka », « Trafalgar », « papi, papa ». De cette façon, les sons remplis d'un air chaud plus léger que l'air environnant voltigeront, voltigeront sans plus risquer de tomber dans les oreilles des sourds qui sont les véritables gouffres, les tombeaux des sonorités. Si vous émettez plusieurs sons à une vitesse accélérée, ceux-ci s'agripperont les uns aux autres automatiquement, constituant ainsi des syllabes, des mots, à la rigueur des phrases, c'est-à-dire des groupements plus ou moins importants, des assemblages purement irrationnels de sons, dénués de tout sens, mais justement pour cela capables de se maintenir sans danger à une altitude élevée dans les airs. Seuls, tombent les mots chargés de signification, alourdis par leur sens, qui finissent toujours par succomber, s'écrouler...

L'ÉLÈVE

... dans les oreilles des sourds.

LE PROFESSEUR

C'est ça, mais n'interrompez pas... et dans la pire confusion... Ou par crever comme des ballons. Ainsi donc, mademoiselle... *(L'Élève a soudain l'air de souffrir.)* Qu'avez-vous donc ?

L'ÉLÈVE

J'ai mal aux dents [1], monsieur.

LE PROFESSEUR

Ça n'a pas d'importance. Nous n'allons pas nous arrêter pour si peu de chose. Continuons...

L'ÉLÈVE, *qui aura l'air de souffrir*
de plus en plus.

Oui, monsieur.

LE PROFESSEUR

J'attire au passage votre attention sur les consonnes qui changent de nature en liaisons. Les *f* deviennent en ce cas des *v*, les *d* des *t*, les *g* des *k* et vice versa, comme dans les exemples que je vous signale : « trois heures, les enfants, le coq au vin, l'âge nouveau, voici la nuit ».

L'ÉLÈVE

J'ai mal aux dents.

LE PROFESSEUR

Continuons.

L'ÉLÈVE

Oui.

LE PROFESSEUR

Résumons : pour apprendre à prononcer, il faut des années et des années. Grâce à la science, nous pouvons y arriver en quelques minutes. Pour faire donc sortir les mots, les sons et tout ce que vous voudrez, sachez qu'il faut chasser impitoyablement l'air des poumons, ensuite le faire délicatement passer, en les effleurant, sur les cordes vocales qui, soudain, comme des harpes ou des feuillages sous le vent, frémissent, s'agitent, vibrent, vibrent, vibrent ou grasseyent, ou chuintent ou se froissent, ou sifflent, sifflent, mettant tout en mouvement : luette, langue, palais, dents...

L'ÉLÈVE

J'ai mal aux dents.

LE PROFESSEUR

... lèvres... Finalement les mots sortent par le nez, la bouche, les oreilles, les pores, entraînant avec eux tous les organes que nous avons nommés, déracinés, dans un envol puissant, majestueux, qui n'est autre que ce qu'on appelle, improprement, la voix, se modulant en chant ou se transformant en un terrible orage symphonique avec tout un cortège... des gerbes de fleurs des plus variées, d'artifices sonores : labiales, dentales, occlusives, palatales [1] et autres, tantôt caressantes, tantôt amères ou violentes.

L'ÉLÈVE

Oui, monsieur, j'ai mal aux dents.

LE PROFESSEUR

Continuons, continuons. Quant aux langues néo-espagnoles, elles sont des parentes si rapprochées les unes des autres, qu'on peut les considérer comme de véritables cousines germaines. Elles ont d'ailleurs la même mère : l'espagnole, avec un *e* muet. C'est pourquoi il est si difficile de les distinguer l'une de l'autre. C'est pourquoi il est si utile de bien prononcer, d'éviter les défauts de prononciation. La prononciation à elle seule vaut tout un langage. Une mauvaise prononciation peut vous jouer des tours. À ce propos, permettez-moi, entre parenthèses, de vous faire part d'un souvenir personnel. *(Légère détente, le Professeur se laisse un instant aller à ses souvenirs ; sa figure s'attendrit ; il se reprendra vite.)* J'étais tout jeune, encore presque un enfant. Je faisais mon service militaire. J'avais, au régiment, un camarade, vicomte, qui avait un défaut de prononciation assez grave : il ne pouvait pas prononcer la lettre *f*. Au lieu de *f*, il disait *f*. Ainsi, au lieu de : « fontaine, je ne boirai pas de ton eau », il disait : « fontaine, je ne boirai pas de ton eau ». Il prononçait « fille » au lieu de « fille », « Firmin » au lieu de « Firmin », « fayot » au lieu de « fayot », « fichez-moi la paix » au lieu de « fichez-moi la paix », « fatras » au lieu de « fatras », « fifi, fon, fafa » au lieu de « fifi, fon, fafa » ; « Philippe » au lieu de « Philippe » ; « fictoire » au lieu de « fictoire » ; « février » au lieu de « février » ; « mars-avril » au lieu de « mars-avril », « Gérard de Nerval » et non pas, comme cela est correct, « Gérard de Nerval », « Mirabeau » au lieu de « Mirabeau »[1], « etc. » au lieu de « etc. », et ainsi de suite « etc. » au lieu de « etc. », et ainsi de suite, etc. Seulement il avait la chance de pouvoir si bien cacher son défaut, grâce à des chapeaux, que l'on ne s'en apercevait pas[2].

L'ÉLÈVE

Oui. J'ai mal aux dents.

LE PROFESSEUR, *changeant brusquement
de ton, d'une voix dure.*

Continuons. Précisons d'abord les ressemblances
pour mieux saisir, par la suite, ce qui distingue toutes
ces langues entre elles. Les différences ne sont guère
saisissables aux personnes non averties. Ainsi, tous les
mots de toutes ces langues...

LE PROFESSEUR

L'ÉLÈVE

Ah oui ?... J'ai mal aux dents [1].

LE PROFESSEUR

Continuons... sont toujours les mêmes, ainsi que
toutes les désinences, tous les préfixes, tous les suffixes,
toutes les racines...

L'ÉLÈVE

Les racines des mots sont-elles carrées ?

LE PROFESSEUR

Carrées ou cubiques. C'est selon.

L'ÉLÈVE

J'ai mal aux dents.

LE PROFESSEUR

Continuons. Ainsi, pour vous donner un exemple
qui n'est guère qu'une illustration, prenez le mot
front...

L'ÉLÈVE

Avec quoi le prendre ?

LE PROFESSEUR

Avec ce que vous voudrez, pourvu que vous le preniez, mais surtout n'interrompez pas.

L'ÉLÈVE

J'ai mal aux dents.

LE PROFESSEUR

Continuons... J'ai dit : « Continuons. » Prenez donc le mot français front. L'avez-vous pris ?

L'ÉLÈVE

Oui, oui, ça y est. Mes dents, mes dents...

LE PROFESSEUR

Le mot front est racine dans frontispice. Il l'est aussi dans effronté. « Ispice » est suffixe, et « ef » préfixe. On les appelle ainsi parce qu'ils ne changent pas. Ils ne veulent pas.

L'ÉLÈVE

J'ai mal aux dents.

LE PROFESSEUR

Continuons. Vite. Ces préfixes sont d'origine espagnole, j'espère que vous vous en êtes aperçue, n'est-ce pas ?

L'ÉLÈVE

Ah ! ce que j'ai mal aux dents.

LE PROFESSEUR

Continuons. Vous avez également pu remarquer qu'ils n'avaient pas changé en français. Eh bien, mademoiselle, rien non plus ne réussit à les faire changer, ni en latin, ni en italien, ni en portugais, ni en sardanapale ou en sardanapali, ni en roumain, ni en néo-espagnol, ni en espagnol, ni même en oriental : front, frontispice, effronté, toujours le même mot, invariablement avec même racine, même suffixe, même préfixe, dans toutes les langues énumérées. Et c'est toujours pareil pour tous les mots.

L'ÉLÈVE

Dans toutes les langues, ces mots veulent dire la même chose? J'ai mal aux dents.

LE PROFESSEUR

Absolument. Comment en serait-il autrement? De toute façon, vous avez toujours la même signification, la même composition, la même structure sonore non seulement pour ce mot, mais pour tous les mots concevables, dans toutes les langues. Car une même notion s'exprime par un seul et même mot[1], et ses synonymes, dans tous les pays. Laissez donc vos dents.

L'ÉLÈVE

J'ai mal aux dents. Oui, oui et oui.

LE PROFESSEUR

Bien, continuons. Je vous dis continuons... Comment dites-vous, par exemple, en français : « les roses de ma grand-mère sont aussi jaunes que mon grand-père qui était asiatique[2] » ?

L'ÉLÈVE

J'ai mal, mal, mal aux dents.

LE PROFESSEUR

Continuons, continuons, dites quand même !

L'ÉLÈVE

En français ?

LE PROFESSEUR

En français.

L'ÉLÈVE

Euh... que je dise en français : « les roses de ma grand-mère sont... » ?

LE PROFESSEUR

« Aussi jaunes que mon grand-père qui était asiatique... »

L'ÉLÈVE

Eh bien, on dira, en français, je crois : « les roses... de ma... » comment dit-on « grand-mère », en français ?

LE PROFESSEUR

En français ? « Grand-mère ».

L'ÉLÈVE

« Les roses de ma grand-mère sont aussi... jaunes », en français, ça se dit « jaunes » ?

LE PROFESSEUR

Oui, évidemment !

L'ÉLÈVE

« Sont aussi jaunes que mon grand-père quand il se mettait en colère. »

LE PROFESSEUR

Non... « qui était a... »

L'ÉLÈVE

« ... siatique »... J'ai mal aux dents.

LE PROFESSEUR

C'est cela.

L'ÉLÈVE

J'ai mal...

LE PROFESSEUR

Aux dents... tant pis... Continuons ! À présent, traduisez la même phrase en espagnol, puis en néo-espagnol...

L'ÉLÈVE

En espagnol... ce sera : « les roses de ma grand-mère sont aussi jaunes que mon grand-père qui était asiatique ».

LE PROFESSEUR

Non. C'est faux.

L'ÉLÈVE

Et en néo-espagnol : « les roses de ma grand-mère sont aussi jaunes que mon grand-père qui était asiatique ».

LE PROFESSEUR

C'est faux. C'est faux. C'est faux. Vous avez fait l'inverse, vous avez pris l'espagnol pour du néo-espagnol, et le néo-espagnol pour de l'espagnol... Ah... non... c'est le contraire...

L'ÉLÈVE

J'ai mal aux dents. Vous vous embrouillez.

LE PROFESSEUR

C'est vous qui m'embrouillez. Soyez attentive et prenez note. Je vous dirai la phrase en espagnol, puis en néo-espagnol et, enfin, en latin. Vous répéterez après moi. Attention, car les ressemblances sont grandes. Ce sont des ressemblances identiques. Écoutez, suivez bien...

L'ÉLÈVE

J'ai mal...

LE PROFESSEUR

... aux dents.

L'ÉLÈVE

Continuons... Ah !...

LE PROFESSEUR

... en espagnol : « les roses de ma grand-mère sont aussi jaunes que mon grand-père qui était asiatique » ; en latin : « les roses de ma grand-mère sont aussi jaunes que mon grand-père qui était asiatique ». Saisissez-vous les différences ? Traduisez cela en... roumain.

L'ÉLÈVE

« Les... » comment dit-on « roses », en roumain ?

LE PROFESSEUR

Mais « roses », voyons.

L'ÉLÈVE

Ce n'est pas « roses » ? Ah, que j'ai mal aux dents...

LE PROFESSEUR

Mais non, mais non, puisque « roses » est la traduction en oriental du mot français « roses », en espagnol « roses », vous saisissez ? En sardanapali « roses »...

L'ÉLÈVE

Excusez-moi, monsieur, mais... Oh, ce que j'ai mal aux dents... je ne saisis pas la différence.

LE PROFESSEUR

C'est pourtant bien simple ! Bien simple ! À condition d'avoir une certaine expérience, une expérience technique et une pratique de ces langues diverses, si diverses malgré qu'elles ne présentent que des caractères tout à fait identiques. Je vais tâcher de vous donner une clé...

L'ÉLÈVE

Mal aux dents...

LE PROFESSEUR

Ce qui différencie ces langues, ce ne sont ni les mots, qui sont les mêmes absolument, ni la structure de la phrase qui est partout pareille, ni l'intonation, qui ne présente pas de différences, ni le rythme du langage... ce qui les différencie... M'écoutez-vous ?

L'ÉLÈVE

J'ai mal aux dents.

LE PROFESSEUR

M'écoutez-vous, mademoiselle ? Aah ! nous allons nous fâcher.

L'ÉLÈVE

Vous m'embêtez, monsieur ! J'ai mal aux dents.

LE PROFESSEUR

Nom d'un caniche à barbe ! Écoutez-moi !

L'ÉLÈVE

Eh bien... oui... oui... allez-y...

LE PROFESSEUR

Ce qui les différencie les unes des autres, d'une part, et de l'espagnole, avec un *e* muet, leur mère, d'autre part... c'est...

L'ÉLÈVE, *grimaçante*.

C'est quoi ?

LE PROFESSEUR

C'est une chose ineffable. Un ineffable que l'on n'arrive à percevoir qu'au bout de très longtemps, avec beaucoup de peine et après une très longue expérience...

L'ÉLÈVE

Ah?

LE PROFESSEUR

Oui, mademoiselle. On ne peut vous donner aucune règle [1]. Il faut avoir du flair, et puis c'est tout. Mais pour en avoir, il faut étudier, étudier et encore étudier.

L'ÉLÈVE

Mal aux dents.

LE PROFESSEUR

Il y a tout de même quelques cas précis où les mots, d'une langue à l'autre, sont différents... mais on ne peut baser notre savoir là-dessus car ces cas sont, pour ainsi dire, exceptionnels.

L'ÉLÈVE

Ah, oui?... Oh, monsieur, j'ai mal aux dents.

LE PROFESSEUR

N'interrompez pas! Ne me mettez pas en colère! Je ne répondrais plus de moi. Je disais donc... Ah, oui, les cas exceptionnels, dits de distinction facile... ou de distinction aisée... ou commode... si vous aimez mieux... je répète : si vous aimez, car je constate que vous ne m'écoutez plus...

L'ÉLÈVE

J'ai mal aux dents.

LE PROFESSEUR

Je dis donc : dans certaines expressions, d'usage courant, certains mots diffèrent totalement d'une langue à l'autre, si bien que la langue employée est, en ce cas, sensiblement plus facile à identifier. Je vous donne un exemple : l'expression néo-espagnole célèbre à Madrid : « ma patrie est la Néo-Espagne », devient en italien : « ma patrie est...

L'ÉLÈVE

La Néo-Espagne. »

LE PROFESSEUR

Non ! « Ma patrie est l'Italie. » Dites-moi alors, par simple déduction, comment dites-vous « Italie », en français ?

L'ÉLÈVE

J'ai mal aux dents '

LE PROFESSEUR

C'est pourtant bien simple : pour le mot « Italie », en français nous avons le mot « France » qui en est la traduction exacte. « Ma patrie est la France. » Et « France » en oriental : « Orient » ! « Ma patrie est l'Orient. » Et « Orient » en portugais : « Portugal » ! L'expression orientale : « ma patrie est l'Orient » se traduit donc de cette façon en portugais : « ma patrie est le Portugal » ! Et ainsi de suite...

L'ÉLÈVE

Ça va ! Ça va ! J'ai mal...

LE PROFESSEUR

Aux dents ! Dents ! Dents !... Je vais vous les arracher, moi ! Encore un autre exemple. Le mot « capitale », « la capitale » revêt, suivant la langue que l'on
parle, un sens différent. C'est-à-dire que, si un Espagnol dit : « J'habite la capitale », le mot « capitale » ne
voudra pas dire du tout la même chose que ce
qu'entend un Portugais lorsqu'il lui dit aussi : « j'habite dans la capitale ». À plus forte raison, un Français, un néo-Espagnol, un Roumain, un Latin, un
Sardanapali... Dès que vous entendez dire, mademoiselle, mademoiselle, je dis ça pour vous ! Merde alors !
Dès que vous entendez l'expression : « j'habite la
capitale », vous saurez immédiatement et facilement si
c'est de l'espagnol ou de l'espagnol, du néo-espagnol,
du français, de l'oriental, du roumain, du latin, car il
suffit de deviner quelle est la métropole à laquelle
pense celui qui prononce la phrase... au moment même
où il la prononce... mais ce sont à peu près les seuls
exemples précis que je puisse vous donner...

L'ÉLÈVE

Oh, là, mes dents...

LE PROFESSEUR

Silence ! Ou je vous fracasse le crâne !

L'ÉLÈVE

Essayez donc ! Crâneur !

Le professeur lui prend le poignet, le tord.

L'ÉLÈVE

Aïe !

LE PROFESSEUR

Tenez-vous donc tranquille ! Pas un mot !

L'ÉLÈVE, *pleurnichant.*

Mal aux dents...

LE PROFESSEUR

La chose la plus... comment dirais-je ? la plus
paradoxale... oui... c'est le mot... la chose la plus
paradoxale, c'est qu'un tas de gens qui manquent
complètement d'instruction parlent ces différentes langues... vous entendez ? Qu'est-ce que j'ai dit ?

L'ÉLÈVE

... parlent ces différentes langues ! Qu'est-ce que j'ai
dit !

LE PROFESSEUR

Vous avez eu de la chance !... Des gens du peuple
parlent l'espagnol, farci de mots néo-espagnols qu'ils
ne décèlent pas, tout en croyant parler le latin... ou
bien ils parlent le latin, farci de mots orientaux, tout en
croyant parler le roumain... ou l'espagnol, farci de néo-
espagnol, tout en croyant parler le sardanapali, ou
l'espagnol... Vous me comprenez ?

L'ÉLÈVE

Oui ! Oui ! Oui ! Oui ! Que voulez-vous de plus... ?

LE PROFESSEUR

Pas d'insolence, mignonne, ou gare à toi... *(En colère.)* Le comble, mademoiselle, c'est que certains, par exemple, en un latin, qu'ils supposent espagnol, disent : « Je souffre de mes deux foies à la fois », en s'adressant à un Français, qui ne sait pas un mot d'espagnol ; pourtant celui-ci le comprend aussi bien que si c'était sa propre langue. D'ailleurs, il croit que c'est sa propre langue. Et le Français répondra, en français : « Moi aussi, monsieur, je souffre de mes foies », et se fera parfaitement comprendre par l'Espagnol, qui aura la certitude que c'est en pur espagnol qu'on lui a répondu, et qu'on parle espagnol... quand, en réalité, ce n'est ni de l'espagnol ni du français, mais du latin à la néo-espagnole... Tenez-vous donc tranquille, mademoiselle, ne remuez plus les jambes, ne tapez plus des pieds...

L'ÉLÈVE

J'ai mal aux dents.

LE PROFESSEUR

Comment se fait-il que, parlant sans savoir quelle langue ils parlent, ou même croyant en parler chacun une autre, les gens du peuple s'entendent quand même entre eux ?

L'ÉLÈVE

Je me le demande.

LE PROFESSEUR

C'est simplement une des curiosités inexplicables de l'empirisme grossier du peuple — ne pas confondre avec l'expérience! — un paradoxe, un non-sens, une des bizarreries de la nature humaine, c'est l'instinct, tout simplement, pour tout dire en un mot — c'est lui qui joue, ici.

L'ÉLÈVE

Ha! Ha!

LE PROFESSEUR

Au lieu de regarder voler les mouches tandis que je me donne tout ce mal... vous feriez mieux de tâcher d'être plus attentive... ce n'est pas moi qui me présente au concours du doctorat partiel... je l'ai passé, moi, il y a longtemps... y compris mon doctorat total... et mon diplôme supra-total... Vous ne comprenez donc pas que je veux votre bien?

L'ÉLÈVE

Mal aux dents!

LE PROFESSEUR

Mal élevée... Mais ça n'ira pas comme ça, pas comme ça, pas comme ça, pas comme ça...

L'ÉLÈVE

Je... vous... écoute...

LE PROFESSEUR

Ah! Pour apprendre à distinguer toutes ces différentes langues, je vous ai dit qu'il n'y a rien de mieux que la pratique... Procédons par ordre. Je vais essayer de vous apprendre toutes les traductions du mot « couteau ».

L'ÉLÈVE

C'est comme vous voulez... Après tout...

LE PROFESSEUR, *il appelle la Bonne.*

Marie! Marie! Elle ne vient pas... Marie! Marie!... Voyons, Marie. *(Il ouvre la porte, à droite.)* Marie!...

> Il sort.
> *L'Élève reste seule quelques instants, le regard dans le vide, l'air abruti.*

LE PROFESSEUR, *voix criarde, dehors.*

Marie! Qu'est-ce que ça veut dire? Pourquoi ne venez-vous pas! Quand je vous demande de venir, il faut venir! *(Il rentre, suivi de Marie.)* C'est moi qui commande, vous m'entendez. *(Il montre l'Élève.)* Elle ne comprend rien, celle-là. Elle ne comprend pas!

LA BONNE

Ne vous mettez pas dans cet état, monsieur, gare à la fin! Ça vous mènera loin, ça vous mènera loin tout ça.

LE PROFESSEUR

Je saurai m'arrêter à temps.

LA BONNE

On le dit toujours. Je voudrais bien voir ça.

L'ÉLÈVE

J'ai mal aux dents.

LA BONNE

Vous voyez, ça commence, c'est le symptôme!

LE PROFESSEUR

Quel symptôme? Expliquez-vous! Que voulez-vous dire?

L'ÉLÈVE, *d'une voix molle.*

Oui, que voulez-vous dire? J'ai mal aux dents.

LA BONNE

Le symptôme final! Le grand symptôme!

LE PROFESSEUR

Sottises! Sottises! Sottises! *(La Bonne veut s'en aller.)* Ne partez pas comme ça! Je vous appelais pour aller me chercher les couteaux espagnol, néo-espagnol, portugais, français, oriental, roumain, sardanapali, latin et espagnol.

LA BONNE, *sévère.*

Ne comptez pas sur moi.

Elle s'en va.

LE PROFESSEUR, *geste, il veut protester,
se retient, un peu désemparé.
Soudain, il se rappelle.*

Ah! *(Il va vite vers le tiroir, y découvre un grand couteau invisible, ou réel, selon le goût du metteur en scène, le saisit, le brandit, tout joyeux.)* En voilà un, mademoiselle, voilà un couteau. C'est dommage qu'il n'y ait que celui-là; mais nous allons tâcher de nous en servir pour toutes les langues! Il suffira que vous prononciez le mot « couteau » dans toutes les langues, en regardant l'objet, de très près, fixement, et vous imaginant qu'il est de la langue que vous dites.

L'ÉLÈVE

J'ai mal aux dents.

LE PROFESSEUR, *chantant presque,*
mélopée[1].

Alors : dites, « cou », comme « cou », « teau »,
comme « teau »... Et regardez, regardez, fixez bien...

L'ÉLÈVE

C'est du quoi, ça? Du français, de l'italien, de
l'espagnol?

LE PROFESSEUR

Ça n'a plus d'importance... Ça ne vous regarde pas.
Dites : « cou ».

L'ÉLÈVE

« Cou. »

LE PROFESSEUR

« ... teau »... Regardez.

Il brandit le couteau sous les yeux de l'Élève.

L'ÉLÈVE

« teau »...

LE PROFESSEUR

Encore... Regardez.

L'ÉLÈVE

Ah, non! Zut alors! J'en ai assez! Et puis j'ai mal
aux dents, j'ai mal aux pieds, j'ai mal à la tête...

LE PROFESSEUR, *saccadé.*

« Couteau »... Regardez... « couteau »... Regardez... « couteau »... Regardez...

L'ÉLÈVE

Vous me faites mal aux oreilles, aussi. Vous avez une voix ! Oh, qu'elle est stridente !

LE PROFESSEUR

Dites : « couteau... cou... teau... »

L'ÉLÈVE

Non ! J'ai mal aux oreilles, j'ai mal partout...

LE PROFESSEUR

Je vais te les arracher, moi, tes oreilles, comme ça elles ne te feront plus mal, ma mignonne !

L'ÉLÈVE

Ah... c'est vous qui me faites mal...

LE PROFESSEUR

Regardez, allons, vite, répétez : « cou »...

L'ÉLÈVE

Ah, si vous y tenez... « cou... couteau »... *(Un instant lucide, ironique.)* C'est du néo-espagnol...

LE PROFESSEUR

Si l'on veut, oui, du néo-espagnol, mais dépêchez-vous... nous n'avons pas le temps... Et puis, qu'est-ce que c'est que cette question inutile ? Qu'est-ce que vous vous permettez ?

L'ÉLÈVE, *doit être de plus en plus fatiguée,*
pleurante, désespérée,
à la fois extasiée et exaspérée.

Ah !

LE PROFESSEUR

Répétez, regardez. *(Il fait comme le coucou.)* « Couteau... couteau... couteau... couteau... »

L'ÉLÈVE

Ah, j'ai mal... ma tête... *(Elle effleure de la main, comme pour une caresse, les parties du corps qu'elle nomme.)* ... mes yeux...

LE PROFESSEUR, *comme le coucou.*

« Couteau... couteau... »

> *Ils sont tous les deux debout ; lui, brandissant toujours son couteau invisible, presque hors de lui, tourne autour d'elle, en une sorte de danse du scalp, mais il ne faut rien exagérer et les pas de danse du Professeur doivent être à peine esquissés ; l'Élève, debout, face au public, se dirige, à reculons, en direction de la fenêtre, maladive, langoureuse, envoûtée...*

LE PROFESSEUR

Répétez, répétez : « couteau... couteau... couteau... »

L'ÉLÈVE

J'ai mal... ma gorge, « cou... » ah... mes épaules... mes seins... « couteau... »

LE PROFESSEUR

« Couteau... couteau... couteau... »

L'ÉLÈVE

Mes hanches... « couteau... » mes cuisses...
« cou... »

LE PROFESSEUR

Prononcez bien... « couteau... couteau... »

L'ÉLÈVE

« Couteau... » ma gorge...

LE PROFESSEUR

« Couteau... couteau... »

L'ÉLÈVE

« Couteau... » mes épaules... mes bras, mes seins,
mes hanches... « couteau... couteau... »

LE PROFESSEUR

C'est ça... Vous prononcez bien, maintenant...

L'ÉLÈVE

« Couteau... » mes seins... mon ventre...

LE PROFESSEUR, *changement de voix*.

Attention... ne cassez pas mes carreaux... le couteau
tue...

L'ÉLÈVE, *d'une voix faible*.

Oui, oui... le couteau tue ?

LE PROFESSEUR *tue l'Élève d'un grand coup*
de couteau bien spectaculaire.

Aaah! tiens!

> *Elle crie aussi : « Aaah! » puis tombe, s'af-*
> *fale en une attitude impudique sur une chaise qui,*
> *comme par hasard, se trouvait près de la fenêtre ;*
> *ils crient : « Aaah! » en même temps, le meur-*
> *trier et la victime ; après le premier coup de*
> *couteau, l'Élève est affalée sur la chaise ; les*
> *jambes, très écartées, pendent des deux côtés de la*
> *chaise ; le Professeur se tient debout, en face*
> *d'elle, le dos au public ; après le premier coup de*
> *couteau, il frappe l'Élève morte d'un second coup*
> *de couteau, de bas en haut, à la suite duquel le*
> *Professeur a un soubresaut bien visible, de tout*
> *son corps.*

LE PROFESSEUR, *essoufflé, bredouille.*

Salope... C'est bien fait... Ça me fait du bien... Ah!
Ah! je suis fatigué... j'ai de la peine à respirer... Aah!

> *Il respire difficilement ; il tombe ; heureuse-*
> *ment une chaise est là ; il s'éponge le front,*
> *bredouille des mots incompréhensibles ; sa respi-*
> *ration se normalise... Il se relève, regarde son*
> *couteau à la main, regarde la jeune fille, puis*
> *comme s'il se réveillait :*

LE PROFESSEUR, *pris de panique.*

Qu'est-ce que j'ai fait! Qu'est-ce qui va m'arriver
maintenant! Qu'est-ce qui va se passer! Ah! là! là!
Malheur! mademoiselle, mademoiselle, levez-vous! (*Il*

s'agite, tenant toujours à la main le couteau invisible dont il ne sait que faire.) Voyons, mademoiselle, la leçon est terminée... Vous pouvez partir... vous paierez une autre fois... Ah! elle est morte... mo-orte... C'est avec mon couteau... Elle est mo-orte... C'est terrible. *(Il appelle la Bonne.)* Marie! Marie! Ma chère Marie, venez donc! Ah! Ah! *(La porte à droite s'entrouvre. Marie apparaît.)* Non... ne venez pas... Je me suis trompé... Je n'ai pas besoin de vous, Marie... je n'ai plus besoin de vous... vous m'entendez?...

> *Marie s'approche, sévère, sans mot dire, voit le cadavre.*

LE PROFESSEUR, *d'une voix de moins en moins assurée.*

Je n'ai pas besoin de vous, Marie...

LA BONNE, *sarcastique.*

Alors, vous êtes content de votre élève, elle a bien profité de votre leçon?

LE PROFESSEUR, *il cache son couteau derrière son dos.*

Oui, la leçon est finie... mais... elle... elle est encore là... elle ne veut pas partir...

LA BONNE, *très dure.*

En effet!...

LE PROFESSEUR, *tremblotant.*

Ce n'est pas moi... Ce n'est pas moi... Marie... Non... Je vous assure... ce n'est pas moi, ma petite Marie...

LA BONNE

Mais qui donc ? Qui donc alors ? Moi ?

LE PROFESSEUR

Je ne sais pas... peut-être...

LA BONNE

Ou le chat ?

LE PROFESSEUR

C'est possible... Je ne sais pas...

LA BONNE

Et c'est la quarantième fois, aujourd'hui !... Et tous les jours c'est la même chose ! Tous les jours ! Vous n'avez pas honte, à votre âge... mais vous allez vous rendre malade ! Il ne vous restera plus d'élèves. Ça sera bien fait.

LE PROFESSEUR, *irrité*.

Ce n'est pas ma faute ! Elle ne voulait pas apprendre ! Elle était désobéissante. C'était une mauvaise élève ! Elle ne voulait pas apprendre !

LA BONNE

Menteur !...

LE PROFESSEUR, *s'approche sournoisement
de la Bonne, le couteau derrière son dos.*

Ça ne vous regarde pas ! *(Il essaie de lui donner un formidable coup de couteau ; la Bonne lui saisit le poignet au vol, le lui tord ; le Professeur laisse tomber par terre son arme.)*... Pardon !

LA BONNE gifle, par deux fois,
avec bruit et force, le Professeur
qui tombe sur le plancher,
sur son derrière ; il pleurniche.

Petit assassin ! Salaud ! Petit dégoûtant ! Vous vouliez me faire ça à moi ? Je ne suis pas une de vos élèves,
moi ! *(Elle le relève par le collet, ramasse la calotte qu'elle lui*
met sur la tête ; il a peur d'être encore giflé et se protège du coude
comme les enfants.) Mettez ce couteau à sa place, allez !
(Le Professeur va le mettre dans le tiroir du buffet, revient.) Et
je vous avais bien averti, pourtant, tout à l'heure
encore : l'arithmétique mène à la philologie, et la
philologie mène au crime [1]...

LE PROFESSEUR

Vous aviez dit : « au pire » !

LA BONNE

C'est pareil.

LE PROFESSEUR

J'avais mal compris. Je croyais que « Pire » c'est
une ville et que vous vouliez dire que la philologie
menait à la ville de Pire...

LA BONNE

Menteur ! Vieux renard ! Un savant comme vous ne
se méprend pas sur le sens des mots. Faut pas me la
faire.

LE PROFESSEUR *sanglote.*

Je n'ai pas fait exprès de la tuer !

LA BONNE

Au moins, vous le regrettez ?

LE PROFESSEUR

Oh, oui, Marie, je vous le jure !

LA BONNE

Vous me faites pitié, tenez ! Ah ! vous êtes un brave garçon quand même ! On va tâcher d'arranger ça. Mais ne recommencez pas... Ça peut vous donner une maladie de cœur...

LE PROFESSEUR

Oui, Marie ! Qu'est-ce qu'on va faire, alors ?

LA BONNE

On va l'enterrer... en même temps que les trente-neuf autres... ça va faire quarante cercueils[1]... On va appeler les pompes funèbres et mon amoureux, le curé Auguste... On va commander des couronnes...

LE PROFESSEUR

Oui, Marie, merci bien.

LA BONNE

Au fait. Ce n'est même pas la peine d'appeler Auguste, puisque vous-même vous êtes un peu curé à vos heures, si on en croit la rumeur publique.

LE PROFESSEUR

Pas trop chères, tout de même, les couronnes. Elle n'a pas payé sa leçon.

LA BONNE

Ne vous inquiétez pas... Couvrez-la au moins avec son tablier, elle est indécente. Et puis on va l'emporter...

LE PROFESSEUR

Oui, Marie, oui. *(Il la couvre.)* On risque de se faire pincer... avec quarante cercueils... Vous vous imaginez... Les gens seront étonnés. Si on nous demande ce qu'il y a dedans?

LA BONNE

Ne vous faites donc pas tant de soucis. On dira qu'ils sont vides. D'ailleurs, les gens ne demanderont rien, ils sont habitués *.

LE PROFESSEUR

Quand même.

LA BONNE, *elle sort un brassard portant un insigne, peut-être la svastika nazie* [1].

Tenez, si vous avez peur, mettez ceci, vous n'aurez plus rien à craindre. *(Elle lui attache le brassard autour du bras.)*... C'est politique.

LE PROFESSEUR

Merci, ma petite Marie; comme ça, je suis tranquille... Vous êtes une bonne fille, Marie... bien dévouée...

---

* À Paris, à la représentation, on a supprimé les deux répliques qui suivent, ainsi que le brassard, pour ne pas ralentir le rythme. (Note de l'auteur.)

LA BONNE

Ça va. Allez-y, monsieur. Ça y est ?

LE PROFESSEUR

Oui, ma petite Marie. *(La Bonne et le Professeur prennent le corps de la jeune fille, l'une par les épaules, l'autre par les jambes, et se dirigent vers la porte de droite.)* Attention. Ne lui faites pas de mal.

> *Ils sortent.*
> *Scène vide, pendant quelques instants. On entend sonner à la porte de gauche.*

VOIX DE LA BONNE

Tout de suite, j'arrive !

> *Elle apparaît tout comme au début, va vers la porte. Deuxième coup de sonnette.*

LA BONNE, *à part.*

Elle est bien pressée, celle-là ! *(Fort.)* Patience ! *(Elle va vers la porte de gauche, l'ouvre.)* Bonjour, mademoiselle ! Vous êtes la nouvelle élève ? Vous êtes venue pour la leçon ? Le Professeur vous attend [1]. Je vais lui annoncer votre arrivée. Il descend tout de suite ! Entrez donc, entrez, mademoiselle * !

Juin 1950.

RIDEAU

* À la représentation de *La Leçon*, avant le lever du rideau, on entend quelques coups de marteau succédant aux trois coups annonçant le commencement du spectacle et qui continuent quelques secondes pendant que le plateau est vide. Puis, lorsque, dans la première scène, la Bonne se précipite pour ouvrir à l'Élève, elle ramasse vite, sans s'interrompre dans son élan, un cahier, un cartable qui se trouvent sur la table, et les jette dans un coin où d'autres cahiers, etc., sont entassés. Enfin, à la toute dernière scène, en allant ouvrir la porte à la nouvelle élève que l'on entend sonner, la Bonne prend et jette, dans le même coin, le cahier, le cartable de l'Élève qui vient d'être assassinée ; lorsque le rideau tombe, quelques coups de marteau peuvent encore se faire entendre. (Note de l'auteur.)

DOSSIER

CHRONOLOGIE

1909. Le 26 novembre, naissance d'Eugen Ionescu à Slatina, en
Roumanie, d'un père roumain également nommé Eugen
Ionescu et d'une mère d'origine française, Thérèse Ipcar.

1911. La famille s'installe à Paris où le père du futur dramaturge
prépare son doctorat en droit.

1916. L'Allemagne déclare la guerre à la Roumanie. Eugen Ionescu
retourne à Bucarest, laissant sa famille à Paris, et divorce sous
le prétexte fallacieux que son épouse aurait abandonné le
domicile conjugal. Eugène séjourne plusieurs mois dans un
établissement pour enfants proche de Paris.

1917. Le père épouse Hélène Buruiana qui détestera les enfants de
son mari. Le sentiment est réciproque.

1917-1919. Eugène et sa sœur Marilina séjournent chez des fermiers
à La Chapelle-Anthenaise, en Mayenne. Ce séjour paisible et
heureux marqua profondément le futur écrivain comme en
témoignent ses déclarations et ses journaux intimes.

1920. Après avoir exercé les fonctions d'inspecteur de la Sûreté
pendant la guerre, Eugen Ionescu est nommé avocat.

1922. Eugène et sa sœur doivent rejoindre Bucarest où ils appren-
nent le roumain qu'ils ignoraient jusque-là. Eugène fréquente
le lycée orthodoxe Saint-Sava. Ultérieurement, sa mère
viendra s'installer à Bucarest.

1926. Las des conflits qui l'opposent à un père irascible, versatile et
indélicat, Eugène quitte le domicile paternel. Ces conflits
trouveront un écho dans ses œuvres, notamment dans *Victimes
du devoir* et *Voyages chez les morts*.

Découverte de la poésie du dadaïste Tristan Tzara et de surréalistes comme Breton, Soupault, Aragon et Crevel.

1928. Obtention du baccalauréat.

1929. Entrée à l'université de Bucarest où il prépare une licence de français. Joutes oratoires avec son professeur d'esthétique. Rencontre de Rodica Burileanu, étudiante en philosophie et en droit et fille du directeur d'un journal influent.

1930. Premiers articles littéraires dans diverses revues.

1931. Publication, en roumain, d'une plaquette de vers intitulée *Élégies pour êtres minuscules*.

1929-1935. Intense activité de critique dans diverses revues.

1934. Obtient la *Capacitate* en français, équivalent approximatif du C.A.P.E.S. actuel. Publication d'un ouvrage polémique et satirique intitulé *Nu* (c'est-à-dire *Non*) où il s'en prend à des écrivains et des critiques célèbres qu'il fréquente. Ce recueil d'essais qui fit scandale, mais pour lequel il se vit décerner le prix des Fondations royales, laisse pressentir l'auteur de *Notes et contre-notes* et de *La Cantatrice chauve*.

1936. Le 8 juillet, il épouse Rodica Burileanu. En octobre, décès de sa mère.

1936-1938. Il enseigne à Cernavoda, ville de garnison, et publie divers articles satiriques sur « La vie grotesque et tragique de Victor Hugo ».

En 1938, Ionesco quitte la Roumanie, agitée par des remous politiques, pour la France afin d'y préparer un doctorat sur « le péché et la mort dans la poésie française depuis Baudelaire ». Cette thèse ne sera jamais achevée.

1940. Mobilisé, Eugène rentre en août à Bucarest et enseigne au lycée Saint-Sava.

1942 ou 1943. Les Ionesco s'établissent à Marseille, en zone libre.

1944. Naissance de leur fille Marie-France.

1945. Retour à Paris.

1948-1955. Décès de son père. Après avoir été manutentionnaire, Eugène devient correcteur d'épreuves dans une maison d'éditions juridiques.

1950. Nicolas Bataille crée *La Cantatrice chauve* au théâtre des Noctambules. Ionesco se fait naturaliser français.

1951. Marcel Cuvelier crée *La Leçon* au théâtre de Poche.

1952. Sylvain Dhomme crée *Les Chaises* au théâtre Lancry. Reprise de *La Cantatrice chauve* et de *La Leçon* à la Huchette.

1953. Jacques Mauclair crée *Victimes du devoir* au théâtre du Quartier latin. *Sept Petits Sketches* mis en scène par Jacques Poliéri à la Huchette.

1954. Publication du *Théâtre I* chez Gallimard. Jean-Marie Serreau crée *Amédée ou Comment s'en débarrasser* au théâtre de Babylone.

1955. Robert Postec crée *Jacques ou la Soumission* et *Le Tableau* au théâtre de la Huchette. Création, en Finlande, du *Nouveau Locataire* par Vivica Bandler.

1956. Maurice Jacquemont crée *L'Impromptu de l'Alma* au Studio des Champs-Élysées, pièce satirique où Ionesco s'en prend à ses critiques — Roland Barthes, Bernard Dort et Jean-Jacques Gautier — habillés en docteurs doctrinaires.

1957. Reprise de *La Cantatrice chauve* et de *La Leçon* à la Huchette. Création, par Jean-Luc Magneron, de *L'avenir est dans les œufs* au théâtre de la Cité universitaire. Robert Postec crée *Le Nouveau Locataire* au théâtre d'Aujourd'hui (théâtre de l'Alliance française).

1959. José Quaglio crée *Tueur sans gages* au théâtre Récamier. Création de *Scène à quatre* au festival de Spolète. Création, en langue allemande, de *Rhinocéros* par Karl-Heinz Stroux à Düsseldorf.

1960. Jean-Louis Barrault crée *Rhinocéros* à l'Odéon-Théâtre de France.

1962. Création de *Délire à deux* au Studio des Champs-Élysées par Antoine Bourseiller. Publication de *La Photo du colonel,* recueil comprenant six récits. Jacques Mauclair crée *Le roi se meurt* au théâtre de l'Alliance française. Publication de *Notes et contrenotes,* recueil important d'articles, de conférences et de polémiques. Karl-Heinz Stroux crée, à Düsseldorf, *Le Piéton de l'air.*

1963. *Le Piéton de l'air* à l'Odéon, dans une mise en scène de Jean-Louis Barrault.

1964. Karl-Heinz Stroux crée *La Soif et la Faim* à Düsseldorf.

1966. Jean-Marie Serreau met en scène *La Soif et la Faim* à la Comédie-Française. Barrault reprend *La Lacune* à l'Odéon. Création de *Leçons de français pour Américains* au théâtre de Poche par Antoine Bourseiller. Publication, par Claude Bonnefoy, de ses *Entretiens avec Eugène Ionesco* (Belfond).

1967. Publication du *Journal en miettes.*

1968. Publication de *Présent passé. Passé présent.*

1969. Publication de *Découvertes* chez Skira. Michel Benamou, professeur aux États-Unis, publie *Mise en train,* manuel de français dont Ionesco a rédigé les dialogues.

1970. Élection à l'Académie française. Création de *Jeux de massacre* à Düsseldorf par Karl-Heinz Stroux. Représentation au théâtre Montparnasse par Jorge Lavelli.

1972. Jacques Mauclair crée *Macbett* au théâtre de la Rive-Gauche.

1973. Jacques Mauclair crée *Ce formidable bordel!* au théâtre Moderne. Publication d'un roman, *Le Solitaire.*

1975. Jacques Mauclair crée *L'Homme aux valises* au théâtre de l'Atelier.

1977. Publication d'*Antidotes,* recueil d'inédits et d'articles politiques, littéraires et culturels.

1979. Publication d'*Un homme en question,* recueil d'articles. Création de *Contes pour enfants* par Claude Confortès au théâtre Daniel Sorano.

1980. Création de *Voyages chez les morts* au Guggenheim Theater de New-York dans la mise en scène de P. Berman. Jean-Jacques Dulon crée *Parlons français* au Lucernaire, spectacle élaboré à partir des *Exercices de conversation et de diction françaises pour étudiants américains.* Succès éclatant (1 000 représentations étalées sur plus de trois années).

1981. Publication d'un essai sur la peinture, *Le Blanc et le Noir,* illustré de quinze lithographies d'Ionesco.

1982. Publication d'un essai datant des années trente, traduit du roumain par Dragomir Costineanu, intitulé *Hugoliade.*

1983. *Spectacle Ionesco* mis en scène par Roger Planchon à partir de *L'Homme aux valises,* de *Voyages chez les morts* et d'éléments biographiques. Exposition de lithographies et de gouaches en Suisse et en Autriche. Création audiovisuelle de *Parlons français,* spectacle diffusé sur Antenne 2 le 2 janvier 1983, avec Claude Piéplu et la participation d'Eugène Ionesco.

1985. *Le roi se meurt* joué en opéra à Munich sur une musique de Suter Meister. Expositions à Klagenfurt, Innsbruck, Salzbourg, Munich, Glarus, Bielefeld et Cologne. Ionesco reçoit le prix T. S. Eliot-Ingersoll à Chicago en présence de Saul Bellow et de Mircea Eliade. La revue allemande *Signatur* publie une plaquette intitulée *Souvenirs et dernières rencontres* (textes et gouaches de l'auteur).

1986. Publication de *Non,* traduit du roumain par Marie-France

Ionesco, avec une préface d'Eugen Simion et une postface d'Ileana Gregori.

1987. Le 23 février, célébration, à la Huchette, du trentième anniversaire du *Spectacle Ionesco*, en présence du dramaturge, de son épouse et des comédiens qui, au fil des ans, se sont relayés pour jouer *La Cantatrice chauve* et *La Leçon*.

1988. Publication d'un journal, *La Quête intermittente*. Représentation, à Rimini, de *Maximilien Kolbe*, opéra dont le livret est d'Ionesco et la musique de Dominique Probst.

1989. En février, le jury du Pen Club présidé par Ionesco décerne le prix de la Liberté à Vaclav Havel, écrivain dissident qui, en décembre de la même année, deviendra président de la République de Tchécoslovaquie.

Le 7 mai, au cours de la Troisième Nuit des Molières organisée au Châtelet par Antenne 2 et l'Association professionnelle et artistique du théâtre, Jacques Mauclair prononce un discours de circonstance à l'issue duquel la comédienne Denise Gence (qui avait interprété *Les Chaises* avec Pierre Dux) remit un Molière à Ionesco que le public ovationna.

1990. Le 4 janvier, à l'occasion du décès récent de Samuel Beckett, *Le Nouvel Observateur* publie les réactions d'Ionesco dont voici un bref extrait : « Quand je pense à lui, il me revient en mémoire ce vers d'Alfred de Vigny : " Seul le silence est grand, tout le reste est faiblesse. " Pour Beckett, la parole n'était que du bla-bla. Elle était inutile. »

1991. Parution du *Théâtre complet* dans la Pléiade.

1993. Publication, en traduction italienne, du *Théâtre complet* (Pléiade) chez Einaudi.

1994. Ionesco meurt à Paris le 28 mars.

LES MISES EN SCÈNE

I. RÉACTIONS « À CHAUD »
DES CHRONIQUEURS.

1. À la création (20 février 1951).

Renée Saurel : « M. Ionesco — on le sait depuis *La Cantatrice chauve* — est en proie au problème du langage. Il semble qu'avec *La Leçon*, il ait voulu prouver que sur un mouvement dramatique, l'on pouvait écrire un texte, ou bien un autre, que le langage est plus un masque qu'un moyen de communication, et sans rapport, généralement avec ce qui se passe au plus profond de nous-même [...]

Je ne prétends point que ce soit là un spectacle propre à galvaniser une foule de dix mille personnes, non. Mais c'est extrêmement curieux, intelligent, un mets délicat, quelque chose comme les nids d'hirondelle. Et très bien joué par M. Cuvelier (le Professeur), Mlle Rosette Zuchelli (l'Élève) et M. Claude Mansard (la Bonne) » (« *Les Assassins* de M. Max Frantel et *La Leçon* de M. E. Ionesco », *Combat*, 22 février 1951).

Guy Dumur : « Il est rare que le talent se révèle dès la première fois aussi parfait. Je regrette de n'avoir pas vu, au printemps dernier, *La Cantatrice chauve* du même auteur et regrette plus encore que le théâtre de Poche n'ait pas songé à jouer cette pièce avec *La Leçon*, au lieu de l'accoupler avec la pièce de Max Frantel : *Les Assassins* [...] » (*La Leçon* de Eugène Ionesco », *Opéra*, 28 février 1951).

2. Reprise de 1952.

Marcelle Capron : « Les pièces d'Eugène Ionesco ont quelque chose d'irritant pour commencer : je veux dire qu'elles sont comme l'ongle dur qui s'acharne sur une égratignure. Et puis elles laissent un souvenir que le temps ni les autres spectacles n'arrivent pas à estomper. C'est qu'elles ont fait en nous leur chemin, et, chemin faisant, ont pris leur visage entier.

J'ai revu *La Leçon* (qui fait spectacle avec *La Cantatrice chauve*). J'avais eu l'occasion d'en parler au moment où cet acte, créé je crois au théâtre de Poche, avait été joué au Nouveau Lancry. J'en ai mieux goûté cette fois l'ironie, et n'ai pas ressenti l'impression d'abondance excessive qu'il m'avait donnée. Ce qui prouve qu'un critique devrait *toujours*, quand l'œuvre ne manque pas de mérite, réviser à quelques mois de distance ses jugements. Le sens grave et profond de la charge... pourquoi ne pas dire symbolique, m'est pleinement apparu. L'histoire du savant [...] fait plus aussi que démontrer l'inanité de la culture : elle démontre et dénonce ses attentats » (« *La Cantatrice chauve* au théâtre de la Huchette », *Combat*, 9 octobre 1952).

Eugène Ionesco : « Si on veut voir, sous ces dehors peu sérieux, une chose un peu plus profonde — je peux dire tout de même que le thème de cette deuxième pièce est — après l'inanité du langage — celui de l'inanité de la culture.

Il y a dans *La Leçon* une intention de technique théâtrale : inscrire une courbe dramatique sans le moyen d'aucune action, le texte n'étant qu'une suite d'appuis, des paliers permettant au comédien de faire progresser, et de libérer, sa propre tension intérieure. Il fallait avoir pour cela un excellent comédien. Je l'ai trouvé : c'est Marcel Cuvelier à qui *La Leçon* doit tout ce que, elle-même, n'a peut-être pas. Il est bien secondé par Rosette Zuchelli » (« Ionesco vous présente *La Leçon* et *La Cantatrice chauve* », *Arts* du 10 au 16 octobre 1952).

Georges Neveux : « [...] La scène de l'assassinat, réglée comme un ballet, est d'une étonnante beauté.

Les deux décors de Jacques Noël ont l'air d'avoir été prévus pour des numéros de magie amusante (ou inquiétante) dans un music-hall. On s'attend sans cesse à voir surgir le fantôme de Robert Houdin » (« Rire à l'envers. *La Cantatrice chauve* et *La Leçon* de Ionesco à la Huchette », *Arts* du 24 au 30 octobre 1952).

3. Reprise de 1957.

Guy Verdot : « Si j'avais à définir M. Ionesco, c'est ce que je dirais de lui : l'homme qui rit toujours avant le spectateur [...].

La Leçon, c'est autre chose! [que *La Cantatrice chauve*]. C'est déjà du répertoire. Qui n'a pas encore vu Marcel Cuvelier torturer l'élève Rosette Zuchelli à coups de mathématiques et de philologie, au mépris de la prudence ancillaire incarnée par Jacqueline Staup, déjà nommée (et que je préfère au travesti de la création), qui ne connaît pas cette énorme farce lyrique, toute secouée par un crescendo magistral, doit courir à la Huchette » (« *La Cantatrice chauve* et *La Leçon* de Ionesco », *Franc-Tireur,* 20 février 1957).

II. LES DIDASCALIES.

Décisive, l'expérience de *La Cantatrice chauve*! Ionesco assista aux répétitions, prit conscience des impératifs concrets de la mise en scène, retoucha son texte. Faut-il donc s'étonner si dans *La Leçon* il visualise bien ce qu'il veut faire? Abondantes, les didascalies précisent à la fois le décor (p. 21) et le jeu.

1. *Décor, insolite et ludique.*

Connaissant le penchant iconoclaste de l'avant-garde, n'est-il pas étonnant de constater le caractère réaliste du décor? Ionesco n'adhère évidemment pas au réalisme — mouvement, théorie et vision qu'il rejette. Si d'entrée de jeu il évoque *la réalité quotidienne,* c'est afin d'y introduire ultérieurement un élément étonnant et détonant : l'insolite loufoque de la leçon de mathématiques et de philologie qui, associé au désir et à la violence, aboutira au viol et à l'assassinat. La recherche du choc brutal d'éléments antinomiques — la banalité quotidienne et l'extraordinaire —, apparente dans *La Cantatrice chauve,* se manifestera de nouveau dans *Jacques ou la soumission, L'avenir est dans les œufs* et *Amédée ou Comment s'en débarrasser.* Déjà envisagée par les surréalistes (notamment par Roger Vitrac dans *Victor ou les enfants au pouvoir*) après qu'Apollinaire eut systématiquement recours à une esthétique de la surprise, cette formule trouve une de ses origines chez Baudelaire, lui qui affirma : « Ce qui n'est pas légèrement difforme a l'air insensible — d'où il suit que l'irrégularité, c'est-à-dire l'inattendu, la surprise, l'étonnement, sont une partie essentielle de la caractéristique de la beauté. Le Beau est toujours bizarre. » Cela va sans dire, Ionesco délaisse le Beau mais prise et valorise l'élément détonant qui, sous forme ludique, rejette la raison cartésienne et aristotélicienne au profit *d'une logique de l'absurde et du non-sens*. Sur ce point, sa démarche recoupe celle des dadaïstes, démarche que Henri Béhar et Michel Carassou présentent dans *Dada. Histoire d'une subversion* (Fayard, 1990, p. 176-179). Ionesco lui-même affirma en 1992 : « Je suis à la confluence du dadaïsme et du surréalisme » (documentaire réalisé par Jill Evans pour la B.B.C., diffusé par la Sept le 4 juin 1992). Cette paralogique ou, pour emprunter un titre à Bachelard, cette *logique du non* reflète diverses intentions : 1. provoquer l'étonnement ; 2. susciter le rire par l'invention loufoque qui prolifère ; 3. solliciter le public, devenu témoin et partenaire du jeu, la fonction ludique se voyant attribuer un rôle considérable.

Nous le disions plus haut, le décor apparaît avec précision, évoquant à la fois l'espace hors scène, l'espace proche et l'ensemble du dispositif scénique.

A. *L'espace lointain :* on l'appréhende dès les premières didascalies : « *On doit apercevoir, dans le lointain, des maisons basses, aux toits rouges : la petite ville. Le ciel est bleu-gris* » (p. 21). Ionesco choisit la petite ville provinciale, à la fois cadre de l'action et élément du décor.

B. *L'espace proche :* celui-ci est précisé d'une phrase : « *À gauche de la scène, une porte donnant dans les escaliers de l'immeuble ; au fond, à droite de la scène, une autre porte menant à un couloir de l'appartement* » (p. 21). La Bonne accède à la pièce principale (à la fois salle à manger et cabinet de travail, détails témoignant de la modestie des moyens du Professeur) par un escalier qu'elle descend « en courant » (p. 23), ce qui, soit dit en passant, nous renseigne sur son dynamisme.

C. *Le dispositif scénique :* il comprend des meubles (une table-bureau, un buffet rustique, cinq chaises, quelques rayonnages avec des livres), des ouvertures (fenêtre, porte d'entrée et porte donnant accès à la cuisine) et précise la tonalité chromatique (« tapisserie claire »). D'autres éléments restent dans le flou : si l'emplacement de la table est clairement indiqué, celui du buffet et des étagères est laissé à la discrétion du metteur en scène.

2. Personnages et costumes.

À l'instar de Jarry, Ionesco choisit à dessein des *types*, voire des caricatures — la bonne, le professeur, l'élève — technique qu'il reprendra dans *Rhinocéros*. Robuste campagnarde, « rougeaude », portant tablier et « coiffe paysanne » (p. 23), la Bonne fait pendant au Professeur dont l'aspect paraît tout aussi pittoresque et désuet :

« *C'est un petit vieux à barbiche blanche ; il a des lorgnons, une calotte noire, il porte une longue blouse noire de maître d'école, pantalons et souliers noirs, faux col blanc, cravate noire. Excessivement poli, très timide, voix assourdie par la timidité, très correct, très professeur* » (p. 25-26). Ionesco fournit donc des indications sur la physionomie et le comportement de personnages conventionnels à souhait (comme le confirme le prénom de la Bonne) tout droit sortis de la Troisième République.

Quant à l'Élève qui a l'âge d'une bachelière, elle porte un costume correspondant à son rôle (« *Tablier gris, petit col blanc, serviette sous le bras* », p. 23) et dispose des attributs nécessaires à sa fonction : serviette et cahier. Ionesco esquisse son comportement, donc le jeu de la comédienne (« *fille polie, bien élevée, mais bien vivante, gaie, dynamique* », p. 25), voire l'évolution du rôle : « *de gaie et souriante, elle deviendra progressivement triste, morose ; très vivante au début, elle sera de plus en plus fatiguée, somnolente ; vers la fin du drame sa figure devra exprimer nettement une dépression nerveuse* [...] » (p. 25). On ne saurait guère être plus explicite, l'auteur précisant à la fois *la gestuelle, les déplacements* de ses personnages (exemples : p. 23, p. 33 et p. 89-90 pour la Bonne ; p. 24, p. 32, p. 78 pour l'Élève, p. 44, p. 49 et p. 76 pour le Professeur), les regards lubriques du protagoniste (exemples : p. 26 et p. 33) et la voix ou les émotions de ses personnages :

— le Professeur :

– voix « *plutôt fluette* » (p. 24) « *changeant brusquement de ton, d'une voix dure* » (p. 64).

– « *d'une voix de moins en moins assurée* » (p. 85).

– « *pleurniche* » (p. 87), « *sanglote* » (p. 87).

— l'Élève : « *doit être de plus en plus fatiguée, pleurante, désespérée, à la fois extasiée et exaspérée* » (p. 82).

Notons enfin que les didascalies jouent un rôle déterminant dans la construction du sens et l'agencement des formes, l'auteur se faisant metteur en scène dans l'acte de création. Elles campent les personnages en opposant la Bonne — robuste paysanne — au Professeur, gringalet timoré, du moins au début et à la fin de la pièce. D'autre part, elles opposent l'enseignant timide et l'étudiante dynamique et résolue, puis l'enseignant autoritaire, voire violent et lascif à l'étudiante atone et subjuguée.

En fin de compte, Ionesco qui a fréquemment éprouvé la crainte d'être trahi ou travesti par ses interprètes, truffe sa pièce de didascalies claires et précises destinées au metteur en scène et aux comédiens.

III. DRAMATURGIE ET MISES EN SCÈNE.

Parmi ses diverses fonctions, il incombe à la mise en scène de rythmer le texte, de souligner son mouvement évolutif dans la durée, donc la vie même qui l'anime. Fidèle aux didascalies, Cuvelier mit en valeur la *construction contrapuntique* qui souligne la métamorphose de l'étudiante. D'abord sûre d'elle-même, gaie, vive, dynamique, à l'aise comme une jeune fille du monde, elle perd insensiblement sa vivacité et sa gaieté. Au terme de son évolution, elle paraît triste, somnolente, quasiment inaudible. En revanche, le comportement du professeur se modifie suivant un mouvement inverse. Face à une jeune femme pleine d'assurance, ce quinquagénaire quelque peu voûté parle d'abord d'une voix assourdie. Accablé par une timidité excessive, il se confond en excuses, bégaie, s'empêtre dans des formules de politesse et des contradictions saugrenues. Insensiblement sa timidité s'évanouit ; il devient « de plus en plus sûr de lui, nerveux, agressif, dominateur, jusqu'à se jouer comme il lui plaira de son élève[1] ». Il y a donc *contraste et quasi inversion des comportements*[2], un crescendo contrebalançant un decrescendo alors que la tension atteint son paroxysme. Marcel Cuvelier apporte quelques précisions sur ce point crucial :

« Mais le renversement se produit quand la leçon de philologie déclenche, chez le Professeur, une sorte d'ivresse du mot qui le conduit dans un état inconscient actif, hypnotise l'Élève et la plonge dans un état second passif. Au moment où l'Élève commence à se plaindre de son mal aux dents, le Professeur prend un temps, la regarde. L'inquiétude se crée avec ce silence. Les comédiens sont, à ce moment, sensibles à une réaction du public pressentant le drame final.

« La progression de l'agressivité du Professeur est plus continue dans le mouvement général de la pièce, ses monologues sont plus longs, sa transformation se fait plus insensiblement que celle de l'Élève, qui, elle, procède par sursauts, ses phrases sont très brèves.

---

1. P. 26. Ionesco reprend ici, sous une forme voisine, un procédé auquel il avait eu recours dans *La Cantatrice chauve* dont le finale inversait le rôle des Smith et celui des Martin.
2. Voir p. 25-26.

Le rôle du Professeur est un excellent exercice de comédien parce qu'il passe par toutes les gammes des sentiments : la timidité, l'assurance, le passage de l'une à l'autre, le comique, le tragique, le sadisme, l'érotisme, le pathologique, la culpabilité, ainsi que le plaisir, la fureur. (Ce rôle fait partie, maintenant, du répertoire de travail des cours d'Art dramatique[1].) »

Indépendamment de son aspect mystérieux et comique, le personnage de la Bonne a un rôle fonctionnellement utile qui relève, dans une tonalité parodique, de l'art des préparations. Ses interventions marquent en effet les différentes étapes de l'action. Semblable à une mère, à une épouse, ou à la voix de la conscience, elle prodigue ses avertissements : « faites attention, je vous recommande le calme[2] » ; « Vous feriez mieux de ne pas commencer par l'arithmétique avec mademoiselle. L'arithmétique ça fatigue, ça énerve [...] Vous ne direz pas que je ne vous ai pas averti[3]. » Lorsque le Professeur, qui dissimule de plus en plus mal son énervement et sa lubricité, propose à son étudiante de passer « à un autre genre d'exercice[4] », elle intervient promptement, le rappelle à la décence, le tire par la manche, et, à plusieurs reprises, l'avertit en termes que le spectateur comprend rétrospectivement : « Monsieur, surtout pas de philologie, la philologie mène au pire[5]... » À ce moment précis, le discours professoral prend le relais, lourd de menaces, alors même qu'il dévide des évidences : « Toute langue, mademoiselle, sachez-le, souvenez-vous-en *jusqu'à l'heure de votre mort* [...] toute langue n'est en somme qu'un langage[6]. » Puis, de nouveau, la Bonne dispense ses conseils : « Ne vous mettez pas dans cet état, monsieur, gare à la fin ! Ça vous mènera loin tout ça [...] Vous voyez, ça commence, c'est le symptôme ! [...] Le symptôme final ! Le grand symptôme[7]. »

1. Cité par Simone Benmussa, *Ionesco*, Seghers, 1966, p. 94. Plus généralement, ce rôle éclaire la création dramatique telle que l'envisage Ionesco : « Une pièce de théâtre est une construction, constituée d'une série d'états de conscience, ou de situations, qui s'intensifient, se densifient, puis se nouent, soit pour se dénouer, soit pour finir dans un inextricable insoutenable » (*Notes et contre-notes*, p. 322-323).
   2. P. 34.
   3. P. 35.
   4. P. 53.
   5. P. 55.
   6. P. 59.
   7. P. 78-79.

Après le meurtre, elle désarme le Professeur qui tente de la supprimer. Aisément émue, trop aisément émue par les sanglots de l'assassin, elle lui accorde son pardon. Tout ceci est parfaitement invraisemblable, voire ahurissant. Tant mieux! Le public doit accepter la logique ludique d'une pièce qui tourne résolument le dos au vraisemblable pour mieux susciter le rire.

Si Cuvelier suivit les didascalies à la lettre, il se vit contraint de modifier la chute. Certes, les répliques restent intactes, mais la position d'abandon, explicite et impudique de la jeune femme, n'est pas respectée. Le viol, brutalement annoncé par l'auteur, fait place au maniement expert de la suggestion, le rythme de l'acte charnel étant transposé :

« La tragédie finale a été réalisée comme une sorte de ballet. Une espèce de tango langoureux et érotique mêlé de poursuites, une espèce de danse autour de la table, une hésitation, quelques pas en avant, quelques pas en arrière, figurant de la part de l'Élève, une sorte de refus et de consentement[1]. »

Rien d'étonnant alors à ce que Fleming Flindt ait pu tirer de *La Leçon* une chorégraphie[2].

Aux États-Unis, à Provincetown, en 1961, la mise en scène anticipait le dénouement. D'entrée de jeu, le couple se sentait engagé dans une relation libidineuse :

« Tandis qu'il fai<sait> un mouvement pour s'asseoir, dans un mouvement inverse elle se levait, et vice versa. Ce rythme physique évoquait celui de l'acte sexuel [...][3]. »

---

1. Simone Benmussa, *Ionesco*, p. 95. Étant donné la tonalité de la pièce, la notion de tragédie a de quoi surprendre si l'on oublie qu'Ionesco est porté à l'exagératioon. Un extrait de son journal, en date du 10 avril 1951, éclaire mieux ses intentions : « Pousser le burlesque à son extrême limite. Là, un léger coup de pouce, un glissement imperceptible et l'on se retrouve dans le tragique. C'est un tour de prestidigitation. Le passage du burlesque au tragique doit se faire sans que le public s'en aperçoive. Les acteurs non plus peut-être, ou à peine. Changement d'éclairage. C'est ce que j'ai essayé dans *La Leçon* » (*Notes et contre-notes*, p. 252).

2. Les balbutiements et les erreurs de l'Élève trouvaient un équivalent dans la démarche hésitante et trébuchante de la danseuse.

3. R. Schechner, « The Bald Soprano and *The Lesson* : an Inquiry into Play Structure », dans R. Lamont, éd., *Ionesco. A Collection of*

À Lausanne, le finale accentuait l'intention de l'auteur, infléchissant la scène vers le sadisme. De l'aveu même d'Ionesco :

« La mise en scène était très intéressante. Les projecteurs découpaient sur le mur les ombres des deux personnages, cela donnait une impression très forte, surtout lorsqu'on voyait le renversement de la situation, cette fille saine qui était finalement pompée par cette espèce d'araignée qu'était le Professeur. C'était plus qu'un viol, c'était du vampirisme[1]. »

L'interprétation des personnages, tout comme les harmoniques de la pièce, donna lieu à quelques variations. Ainsi, la Bonne, forte femme qui gifle et désarme le Professeur, fut d'abord incarnée par un homme. Le contrepoint et la dissonance qui en résultaient renforçaient la tonalité comique[2]. En fait, le travesti[3], non réclamé par l'auteur, dissolvait l'opposition, entre la femme-objet et la femme-épouse, énergique, voire impérieuse[4].

Limpide aujourd'hui, ce théâtre suscita d'abord des malentendus. À Bruxelles, il fit scandale. Les spectateurs exigèrent d'être remboursés et Cuvelier dut s'échapper par une porte dérobée[5]. Autre exemple symptomatique : en 1955, un jeune metteur en scène anglais, Peter Hall, futur directeur du *Royal Shakespeare Theatre,* jugea aberrante la traduction dont il disposait. L'humour noir de l'auteur lui avait échappé. Assassiner quarante élèves tous les jours ? Quelle absurdité ! Après avoir parlementé avec le dramaturge, il limita le nombre des victimes à quatre[6].

À ces difficultés initiales auxquelles s'ajouta l'insuccès, succéda la réussite, voire l'exploit[7]. Aussi s'étonne-t-on, aujourd'hui, de l'écart

Critical Essays, Englewood Cliffs, New Jersey, Prentice Hall, 1973, p. 52.

1. Claude Bonnefoy, *Entretiens avec Eugène Ionesco,* Belfond, p. 120.
2. La recette est connue. Roger Vitrac l'appliqua à *Victor ou les Enfants au pouvoir* et Jean Poiret à *La Cage aux folles* qui connut cinq mille représentations à partir de sa création au théâtre du Palais-Royal en 1973, dans une mise en scène de Pierre Mondy.
3. Il fut abandonné à la reprise en 1957.
4. Cette opposition devint récurrente dans le théâtre d'Ionesco.
5. Claude Abastado, *Ionesco,* Bordas, 1971, p. 70.
6. *Entretiens avec Eugène Ionesco,* p. 110.
7. Voir Préface, n. 1, p. 7 et 2, p. 8. Le 16 février 1957 eut lieu la reprise de *La Cantatrice chauve* et de *La Leçon* à la Huchette. Depuis lors, elles

considérable entre le succès de *La Leçon* et le faible nombre d'études qu'elle suscita. Certes, en son temps, les chroniqueurs rendirent compte de la création ou de la reprise de cette œuvre, mais les universitaires la négligèrent. La plupart des articles, souvent tardifs, l'englobent dans une perspective plus large, plus synthétique — notamment celle du comique. Sa brièveté, son appartenance à un genre particulier, celui de l'absurde, la condamnent-elles à être reléguée loin derrière les tragédies et les pièces dites sérieuses ? Une telle proposition supposerait que, contrairement à la Grande-Bretagne, la France ne possède pas une tradition vigoureuse qui prise et valorise le non-sens.

IV. *LA LEÇON*, VERSION ALLEMANDE :
DIE UNTERRICHTSSTUNDE (1962),
PRODUCTION N.D.R., HAMBOURG.

Cette excellente version filmée en noir et blanc par Epple et Sylvain Dhomme concilie l'esprit de la pièce et les impératifs du cinéma.

Les personnages :

La Bonne (Therese Giehse) : la cinquantaine, large d'épaules, ventre replet, poitrine généreuse, corsage, jupe foncée, tablier clair, cheveux tirés en chignon sur la nuque.

L'Élève (Krista Keller) : jolie brune, visiblement plus âgée qu'une bachelière en dépit des tresses qui lui caressent la nuque, vêtue d'une robe plutôt claire, serrée à la taille par une ceinture foncée.

---

y ont été jouées sans interruption. Le 9 août 1980 correspondait à la 9 000ᵉ représentation et, avec l'année 1987, on en comptabilisait plus de 11 000. *La Cantatrice chauve*, la pièce d'Ionesco la plus jouée dans le monde — les chiffres officiels en témoignent —, fut, et est encore représentée dans de nombreux pays : Danemark, Suède, Norvège, Hollande, Allemagne, Suisse, Angleterre, Espagne, Algérie, Tunisie, Maroc, États-Unis, Brésil, Pologne, Tchécoslovaquie, Israël, Turquie, Grèce, etc. En 1971, la Compagnie Sagan, troupe japonaise dirigée par Nicolas Bataille, représenta la pièce à Tokyo. De passage à Paris en mai 1972, elle en donna une représentation, en japonais, au théâtre de la Huchette.

Le Professeur (Robert Freitag) : il apparaît comme une représentation parodique — donc ludique — du Français traditionnel (béret en
toutes circonstances) et du professeur d'antan, tatillon, enfermé
dans ses chimères intellectuelles ponctuées d'épisodes ludiques
traversés d'éclairs lubriques. Ses vêtements : pantalon foncé, veste
d'intérieur légèrement plus claire, chemise blanche à col cassé et
cravate.

Le décor :

Comme les costumes, il est de type réaliste, ce qui permet de
souligner le ludique et l'insolite comme le souhaitait Eugène
Ionesco. Ce décor de cinéma dont la caméra nous a au préalable
révélé l'envers, comprend :
  — côté jardin : une porte extérieure, une commode, une fenêtre ;
  — côté cour : une fenêtre et un escalier qu'emprunte la Bonne.
Entre ces deux espaces se trouvent, de gauche à droite : la chaise de
l'étudiante, une table ronde d'abord encombrée des reliefs d'un
repas, le fauteuil du Professeur et, à l'arrière-plan, un canapé et des
étagères couvertes de livres.

Les accessoires :

Un buste auprès duquel le Professeur se tiendra parfois, ce qui
permet au réalisateur de suggérer le caractère cabotin du personnage ; de nombreuses gravures accrochées au mur ; des matériaux
hétéroclites que le protagoniste sortira avec emportement d'un
tiroir : un long couteau ; une grosse boîte d'allumettes ; du blanc
d'Espagne et un pinceau avec lesquels le Professeur fera des calculs
sur une très grande vitre interposée entre les personnages et la
caméra postée côté écran (plan transparence).
  La réalisation cinématographique se distingue également par le
recours à différents plans qui délimitent le champ de vision du
spectateur (notamment au début, début marqué par la prédomi-
nance des plans américains, c'est-à-dire les plans moyens de la
ceinture à la tête) ; l'alternance possible du champ-contrechamp, le
choix du gros plan pour souligner tel ou tel détail et un éclairage
quasiment uniforme dans cette salle de séjour qui fait office de
bureau, de salle à manger et de salon. Mais, dans l'ensemble, le
réalisateur a sciemment tenté de préserver la pièce en tant que pièce,
écartant le film et le téléfilm, évitant par exemple de multiplier les
fondus enchaînés, les fondus sonores, les panoramiques, les plongées

et contre-plongées, les travellings avant et arrière et les effets de zoom en prise de vue accélérée.

Le jeu :

La Bonne — figure de censeur et de gardienne du temple — adopte un jeu essentiellement réaliste qui insère la représentation dans la réalité quotidienne afin de permettre à l'insolite et à la loufoquerie de nous étonner.

Le jeu de Robert Freitag suit une démarche à la fois variée et nuancée où alternent le cabotinage, la suffisance, la séduction et le désir, l'autorité et la violence.

Quant à Krista Keller, elle communique tour à tour différentes impressions : assurance, grâce, conduite juvénile et ludique, minauderies, désir, plaisir et déplaisir. En tout cas, la dimension érotique soulignée par Ionesco l'est également dans la mise en scène. Ainsi, le Professeur vient se placer derrière l'Élève assise dans un fauteuil et pose ses mains sur ses épaules. Plus tard, la caméra prendra le relais en s'attardant sur le corps détendu, voire abandonné, de la jeune femme et particulièrement sur ses jambes. Ce jeu suggestif reparaît lorsque le Professeur conduit l'Élève sur le canapé, s'assoit à côté d'elle, presse son genou contre celui de sa partenaire qui, hypnotisée, écarte les jambes alors que les visages se rapprochent. Enfin, au point culminant de la pièce, après avoir agité le couteau sous le nez de sa partenaire, le Professeur la poignarde ; elle tombe dans un fauteuil, jambes largement écartées. Marie surgit, le gronde et le désarme alors qu'il tente de la poignarder, le jette à terre, le griffe, lui prend par le collet et lui met un brassard qui porte deux X, soulignant ainsi à travers le ludique la conduite sadique du Professeur, que les Allemands ne peuvent manquer d'interpréter à la lumière de leur histoire.

Tout bien considéré, ce film tourné en dix jours dans les studios de Zurich (Montana Film A. G.) par Epple et Sylvain Dhomme concilie, d'une part le *réalisme* (décor, costumes et parfois jeu des acteurs) et la *fonction ludique*, et, d'autre part, les exigences propres au théâtre et au cinéma, sans que le compromis ainsi établi ne nuise ni à l'un ni à l'autre.

V. *LA LEÇON*, THÉÂTRE MONTANSIER À VERSAILLES
(présentée à FR 3 en 1991. Production du Festival de Pau).

Durée : 1 h 05

Mise en scène : Ahmed Madani

Distribution : Roger Hanin (le Professeur), Emmanuelle Boiron
(l'Élève), Dora Doll (la Bonne).

Musique : *La Jeune Fille et la mort* de Schubert interprétée par le
quatuor Aloysia (Annie Morel et Anne Grovoin au violon,
Clare Paris, alto, et Florence Wilson au violoncelle)

Décor : Raymond Sarfati

Costumes : Jeanny Gonzales

Lumières . Thierry Cabrera

Le décor :

Le metteur en scène ne s'astreint pas à respecter les didascalies à
la lettre, mais sauvegarde la simplicité et le réalisme qui doivent
souligner l'insolite. Il modernise le dispositif scénique, en fait le
reflet d'un intérieur plus cossu que ne l'envisageait Ionesco : au fond
du plateau, d'imposantes boiseries de ton rougeâtre, des étagères ;
au centre, une table, flanquée de deux chaises, l'une à gauche (côté
jardin), celle du Professeur, l'autre derrière, celle de l'Élève. À droite
(côté cour), un trépied, deux chaises, une porte en bois.

Les accessoires :

— Ceux de l'Élève : un cartable en cuir rougeâtre, une ardoise,
une craie.

— Ceux du Professeur : un grand bâton, un livre qu'il tient serré
contre lui lorsqu'il pontifie, et l'instrument du crime.

— Ceux de la Bonne : un torchon et un drap qui servira de
linceul.

Les costumes ·

Roger Hanin . cardigan marron clair, rayé de rouge, chemise
blanche, col ouvert, pantalon tirant sur le vert.

Emmanuelle Boiron : chemisier blanc, jupe plissée bleu marine, à
bretelles ; socquettes blanches, souliers rougeâtres. Coiffure : queue
de cheval.

Dora Doll : veste bleue, jabot blanc, jupe plissée tirant sur le
rouge. Cheveux blonds serrés en chignon, allure élégante.

Éclairage et musique :

L'éclairage, comme c'est fréquemment le cas pour le théâtre filmé, est relativement uniforme. Toutefois, la lumière baisse lorsque le Professeur sort chercher l'instrument du crime. Restée seule, enfermée, l'Élève arpente d'un pas fébrile une scène jonchée de livres tandis qu'une partie du décor est escamotée. L'orchestre apparaît et joue *La Jeune Fille et la mort* de Schubert. Retour du pédagogue avec un couteau. Le dialogue reprend, accompagné par la musique, et le jeu des comédiens s'altère : l'élève exprime bruyamment sa souffrance, une agitation croissante gagne le Professeur et le mène au crime (le viol explicitement suggéré dans les didascalies et, plus généralement, la dimension érotique sont éliminés) alors que la musique s'interrompt pour souligner l'horreur de l'acte.

La distribution :

Émane-t-elle du metteur en scène ou de la vedette, Roger Hanin, à la fois protagoniste et animateur du Festival de Pau ? Selon toute vraisemblance, ce fut ce dernier qui répartit les rôles. Ce choix néglige délibérément certaines didascalies, allant parfois à l'encontre de l'esprit de la pièce. Ainsi, à propos du Professeur, le texte précise d'entrée de jeu :

« *C'est un petit vieux à barbiche blanche ; il a des lorgnons, une calotte noire, il porte une longue blouse noire de maître d'école, pantalons et souliers noirs, faux col blanc, cravate noire. Excessivement poli, très timide, voix assourdie par la timidité, très correct, très professeur. Il se frotte tout le temps les mains ; de temps à autre, une lueur lubrique dans les yeux, vite réprimée* » (p. 25-26). Or, la corpulence et l'exubérance de l'acteur chevronné qu'est Roger Hanin, sa jovialité, ses sourires satisfaits, son phrasé méridional ponctué d'une gestuelle démonstrative, son air un tantinet complaisant, voire cabotin, ne correspondent pas au *stéréotype* professoral que nous présente Ionesco au début de la pièce. Loin de s'effacer devant le personnage, la forte personnalité du comédien l'envahit, le travestit, se débarrasse de la timidité et de l'intériorisation exigées d'entrée de jeu, gomme la lubricité du protagoniste et le viol final.

De même, Emmanuelle Boiron, dont le jeu excellent mériterait des louanges, ne correspond pas au personnage. Paraissant 14 ou 15 ans — et non 18 comme une jeune bachelière — elle ne possède pas une maturité physique suffisante pour allumer la convoitise du Professeur. Par ailleurs, cette demoiselle possède le dynamisme et la gaieté exigés par les didascalies (p. 25).

Quant à Dora Doll, femme forte et imposante, son physique épouse les exigences du rôle, l'employée devant désarmer un employeur qui s'apprêtait à la tuer : « *La Bonne lui saisit le poignet au vol, le lui tord ; le Professeur laisse tomber par terre son arme [... Elle] gifle, par deux fois, avec bruit et force, le Professeur qui tombe sur le plancher, sur son derrière* » (p. 86-87).

Pour conclure, remarquons que le jeu de Roger Hanin s'inscrit dans une tradition, celle de la comédie. Il joue à jouer, cherchant la complicité du public, suscitant les rires, alors que sa très jeune partenaire lui donne la réplique avec un talent consommé et que Dora Doll choisit, comme l'exige le texte, un jeu réaliste.

La représentation *innove* sur deux points :

1 — Ahmed Madani tente d'*actualiser* l'image du professeur et celle de l'étudiante : professeur moins stéréotypé, étudiante plus effrontée.

2 — L'introduction d'une musique, musique classique appropriée par son thème *(La Jeune Fille et la mort)*, intervient à cinq reprises comme s'il s'agissait des cinq actes d'une tragédie classique. En alliant la dimension pseudo-tragique au jeu comique de Roger Hanin, Ahmed Madani souhaitait-il rénover la tragi-comédie, genre dans lequel Ionesco se distingua au début des années cinquante ?

BIBLIOGRAPHIE CHOISIE

ŒUVRES DE L'AUTEUR

1. Pièces réunies en volumes

Théâtre I, Gallimard, 1954 : *La Cantatrice chauve, La Leçon, Jacques ou la Soumission, Les Chaises, Victimes du devoir, Amédée ou Comment s'en débarrasser.*

Théâtre II, Gallimard, 1958 : *L'Impromptu de l'Alma, Tueur sans gages, Le Nouveau Locataire, L'avenir est dans les œufs, Le Maître, La Jeune Fille à marier.*

Théâtre III, Gallimard, 1963 : *Rhinocéros, Le Piéton de l'air, Délire à deux, Le Tableau, Scène à quatre, Les Salutations, La Colère.*

Théâtre IV, Gallimard, 1966 : *Le roi se meurt, La Soif et la Faim, La Lacune, Le Salon de l'automobile, L'Œuf dur, Le Jeune Homme à marier, Apprendre à marcher.*

Théâtre V, Gallimard, 1974 : *Jeux de massacre, Macbett, La Vase, Exercices de conversation et de diction françaises pour étudiants américains.*

Théâtre VI, Gallimard, 1975 : *L'Homme aux valises* suivi de *Ce formidable bordel !*

Théâtre VII, Gallimard, 1981 : *Voyages chez les morts. Thèmes et variations.*

Ionesco. Théâtre complet, éd. Emmanuel Jacquart, Pléiade, 1991.

Dans la collection Folio théâtre :
La Cantatrice chauve, éd. Emmanuel Jacquart, 1993.

Dans la collection Folio :
La Cantatrice chauve. La Leçon, 1972.
Le roi se meurt, 1973.

Les Chaises. L'Impromptu de l'Alma, 1973.
Tueur sans gages, 1974.
Macbett, 1975.
Rhinocéros, 1976.
Victimes du devoir, 1990.

2. *Récits*

La Photo du colonel, Gallimard, coll. « Blanche », 1962.
Le Solitaire, Mercure de France, 1973, et Gallimard, coll. Folio, 1976.
Contes. Ces quatre contes pour enfants furent publiés chez Gallimard
    (coll. « Folio Benjamin »), de 1983 à 1985, après l'avoir été par
    d'autres éditeurs.

3. *Journaux intimes*

Journal en miettes, Mercure de France, 1967, et Gallimard, coll.
    « Folio essais », 1993.
Présent passé. Passé présent, Mercure de France, 1968, et Gallimard,
    coll. « Idées », 1976.
La Quête intermittente, Gallimard, coll. « Blanche », 1988.

4. *Recueils d'articles*

Antidotes, Gallimard, coll. « Blanche », 1977.
Un homme en question, Gallimard, coll. « Blanche », 1979.

5. *Esthétique et critique*

Non, trad. Marie-France Ionesco, Gallimard, coll. « Blanche »,
    1986.
Hugoliade, trad. Dragomir Costineanu, Gallimard, 1982.
Notes et contre-notes, Gallimard, coll. « Pratique du théâtre », 1962, et
    « Folio essais », 1991.
Découvertes, Albert Skira, 1969. Illustrations de l'auteur.
Pour la culture, contre la politique. Für Kultur, gegen Politik, Saint-Gall,
    Erker-Verlag, 1979.

6. *Divers*

Mise en train, éd. Michel Benamou, The Macmillan Co, 1969
    (Ionesco a rédigé les dialogues de ce manuel).
Pavel Dan, *Le Père Urcan*, Marseille, éd. Jean Vigneau, 1945 (trad.
    du roumain par Ionesco et Gabrielle Cabrini).
Le Blanc et le Noir, Gallimard, coll. « Blanche », 1985.

La main peint. Die Hand malt, Saint-Gall, Erker-Verlag, 1987.

Pour les scénarios, les ballets et les livrets d'opéras, on se reportera à l'édition critique du *Théâtre complet*, Pléiade, 1991, p. CXIV-CXVI.

OUVRAGES CRITIQUES

Abastado, Claude, *Ionesco*, Bordas, 1971.

Benmussa, Simone, *Ionesco*, Seghers, 1966.

Bigot, Michel et Savéan, Marie-France, *La Cantatrice chauve et La Leçon*, Gallimard, coll. « Foliothèque », 1991.

Bonnefoy, Claude, *Entretiens avec Eugène Ionesco*, Belfond, 1966. Repris sous le titre *Entre la Vie et le rêve*.

Bradesco, Faust, *Le Monde étrange d'Eugène Ionesco*, Promotion et Édition, 1967.

Cleynen-Serghiev, Ecaterina, *La Jeunesse littéraire d'Eugène Ionesco*, P.U.F., 1993.

Coe, Richard, *Ionesco. A Study of his Plays*, Londres, Methuen & co., 1971 (1961).

Donnard, Jean-Hervé, *Ionesco dramaturge ou l'Artisan et le Démon*, Minard, 1966.

Ionesco, Gelu, *Les Débuts littéraires roumains d'Eugène Ionesco (1926-1940)*, Heidelberg, Carl Winter Universitätverlag, 1989.

Ionesco, Marie-France et Vernois, Paul, *Colloque de Cerisy. Ionesco. Situation et perspectives*, Belfond, 1980.

Jacquart, Emmanuel, *Le Théâtre de dérision*, Gallimard, coll. « Idées », 1974.

Jacquart, Emmanuel, éd., *Ionesco. Théâtre complet*, Gallimard, Pléiade, 1991.

Jacquart, Emmanuel, éd., *La Cantatrice chauve*, Gallimard, « Folio théâtre », 1993.

Lamont, Rosette, éd., *Ionesco, a Collection of Critical Essays*, Englewood Cliffs, New Jersey, Prentice-Hall Inc., 1967.

Lamont, Rosette et Friedman, Melvin, éd., *The Two Faces of Ionesco*, Troy, New York, The Whitston Publishing Company, 1978.

Laubreaux, Raymond, *Les Critiques de notre temps et Ionesco*, Garnier, 1973.

Lazar, Moshe, éd., *The Dream and the Play. Ionesco's Theatrical Quest*, Malibu, Californie, Undena Publications, 1982.

Lista, Giovanni, *Ionesco*, éd. Henry Veyrier, 1989.

Saint Tobi, *Eugène Ionesco ou À la recherche du paradis perdu*, Gallimard, coll. « Les Essais », 1973.

Sénart, Philippe, *Eugène Ionesco*, Éditions Universitaires, coll. « Classiques du XXe siècle », 1964.

Vernois, Paul, *La Dynamique théâtrale d'Eugène Ionesco*, Klincksieck, 1992 (1972).

NOTES

Page 19.

1. « Pour l'esprit critique moderne, rien ne peut être pris tout à fait au sérieux, rien tout à fait à la légère » (*Notes et contre-notes,* p. 61).

Page 24.

1. On notera le choix délibéré de stéréotypes : le Professeur, l'Élève, la Bonne. Les deux premiers sont anonymes ; seul le troisième porte un prénom, banal s'il en est — Marie — et conventionnel au théâtre. Déjà dans *La Cantatrice chauve* la bonne anglaise s'appelait Mary. Ionesco reste donc fidèle à son goût pour le cliché, cliché dont il se fit à la fois le critique et... le promoteur !

Page 26.

1. Quoiqu'il n'inscrive pas sa pièce dans une perspective psychologique, Ionesco note soigneusement le « petit fait vrai », ici le tic du Professeur.

Page 27.

1. Le Professeur et l'Élève font assaut d'obséquiosité, obséquiosité qui relève de la *fonction ludique,* dont il est inutile de souligner l'importance dans une pièce comique, et de la *fonction phatique :* on établit un contact qui reflète à la fois les rapports hiérarchiques, la galanterie et la timidité de l'enseignant. On relève ainsi : « Je ne sais comment m'excuser de vous avoir fait attendre... », « Je m'excuse... Vous m'excuserez... », « Mes excuses... » (p. 27).

On note en outre que de nombreux signes de politesse ponctuent la pièce, en particulier au début : de la page 27 à la page 30, la dénomination « monsieur » revient 7 fois et « mademoiselle » 13 fois, le déséquilibre entre les deux chiffres soulignant la déférence excessive du Professeur. Au fur et à mesure que le temps passe, le rapport s'inverse, l'enseignant prenant le dessus : ainsi de la page 27 à la page 53 on relève 48 « monsieur » et 36 « mademoiselle ».

Enfin signalons que ces dénominations et leur répétition rythment le discours des comédiens, comme l'exige l'art théâtral. À titre d'exemple, citons deux répliques de l'Élève : « Oui, monsieur. Bonjour, monsieur », « Il ne faut pas, monsieur. Il n'y a aucun mal, monsieur » (p. 26-27).

2. Phrase calquée sur les banalités de la conversation auxquelles l'œil critique prête attention, soulignant à plaisir l'hétéromorphisme de l'énumération et la lapalissade.

Page 28.

1. Autrefois les instituteurs et les programmes de l'école primaire exigeaient que l'élève sache par cœur tous les départements et tous les chefs-lieux.

Page 31.

1. Le comique découle partiellement du fait que dans un pays qui multiplie les concours (C.A.P.E.S., agrégation, entrée dans les grandes écoles, recrutement dans les administrations), pratique à laquelle Ionesco ne fut pas habitué en Roumanie, le doctorat n'est pas un concours. Le grade de docteur s'obtient après la soutenance d'une thèse.

2. Ionesco révèle un goût prononcé pour le canular. Si les sciences physiques et les sciences naturelles existent bien, de même que la philosophie et le doctorat, en revanche les sciences *matérielles*, la philosophie *normale* et le doctorat *total* sont les inventions d'un membre éminent du *Collège de pataphysique* et d'un admirateur de Jarry, inventeur de la pataphysique.

Page 33.

1. Le double sens de l'affirmation, perçu par le Professeur, mais non par la locutrice, se prolonge quelques répliques plus loin lorsque l'Élève répond ingénument : « Mais oui, monsieur. Certainement, je ne demande que ça. »

En outre, Michel Bigot et Marie-France Savéan signalent discrètement l'influence possible de *Topaze* (1928), pièce (puis film) de Marcel Pagnol. Enseignant lui aussi, épris de la fille du directeur, Topaze déclare à la scène 11 de l'acte I : « Je tiens à vous dire que je suis à votre entière disposition. » D'autre part et surtout, dans *La Leçon*, la reprise interrogative « À ma disposition ? » renvoie à la scène 2 de l'acte I. Témoin, ce dialogue : « Topaze : " Tout à votre service, mademoiselle... " Ernestine : " Tout à mon service " ? »

(M. Bigot et M.-F. Savéan, *La Cantatrice chauve* et *La Leçon d'Eugène Ionesco*, Gallimard, Foliothèque, 1991, p. 184).

Page 34.

1. À son habitude, Ionesco joue et brode. « Arithmétique » appelle « sciences » puis un rectificatif restrictif (méthode »), enfin un terme inattendu, « thérapeutique » dont l'apparition tient à deux facteurs : l'habitude qu'a Ionesco d'enchaîner les idées par le signifiant (la rime *mathématique/thérapeutique*) et la recherche de la rupture (coq-à-l'âne, etc.).

Page 35.

1. La Bonne délaisse le vouvoiement pour l'emploi ironique du pronom « on ». D'où la réplique du Professeur : « Je n'admets pas vos insinuations. »

Page 38.

1. À propos de ce passage trois remarques s'imposent : a — la dynamique du dialogue repose sur la *progression sérielle ;* b — celle-ci s'accompagne d'un *rythme* dû à l'alternance parfaite des questions et des réponses et à la reprise, en fin de question, du chiffre un (« Trois et un ? », « Quatre et un ? », « Cinq et un ? », etc.) ; c — le dialogue exploite non seulement la progression sérielle et le rythme mais également la fonction ludique, accentuée par l'*anomalie*, le chiffre tératologique (huit *bis,* huit *ter,* huit *quater.* Et parfois neuf).

Page 39.

1. Comme nous l'affirmons dans la préface (p. 16), l'univers d'Ionesco s'apparente à ceux des absurdistes. On note ainsi avec intérêt un parallèle qui n'a sans doute rien de fortuit avec *De l'autre côté du miroir* de Lewis Carroll. Alice, comme l'Élève, subit plusieurs épreuves dont, dans l'ordre, l'addition (de niveau élémentaire), la *soustraction* (p. 349), et les *langues étrangères* (p. 350) : « " Savez-vous faire une addition ? s'enquit la Reine Blanche. Combien font un et un et un et un et un et un et un et un et un et un ? / — Je me le demande, dit Alice, je n'ai pas eu le temps d'en faire le compte. / — Elle ne sait pas faire une addition ", dit la Reine Rouge sans se soucier de la raison donnée par la fillette. " Savez-vous faire une soustraction ? De huit retirez neuf. Que reste-t-il ? / — Neuf de huit, cela ne se peut, voyez-vous bien ", répondit Alice sans hésiter [...] » (*Œuvres,* trad. Jean Gattégno *et al.,* Gallimard, Pléiade, 1990, p. 348-349).

« " Connaissez-vous les langues étrangères ? [s'enquit la Reine Rouge]. Comment dit-on 'turlututu' en javanais ?

'Turlututu' n'est pas anglais ", répondit, sans se départir de son sérieux, Alice.

" Qui a donc prétendu qu'il le fût ? " dit la Reine Rouge.

Alice crut, cette fois, avoir trouvé le moyen de se tirer d'embarras : " Si vous me dites à quelle langue appartient 'Turlututu', je vous le traduis en javanais ! " déclara-t-elle avec aplomb » (*Ibid.*, p. 350-351).

Page 42.

1. À son habitude, Ionesco affectionne les séries hétéromorphes, donc les ruptures et l'effet de surprise qu'elles produisent. L'explication fumeuse du Professeur mélange, pêle-mêle, des notions mathématiques (grandeur, sommes) et des termes sans rapport avec eux et entre eux (prunes, wagons, oies, pépins, etc.).

En outre M. Bigot et M.-F. Savéan rapprochent ce passage « d'un film de 9 minutes présenté en novembre 1951 : *Arithmétique*. Réalisé par P. Kast, il a pour auteur Raymond Queneau, partisan déterminé des premières pièces de Ionesco. Ce court métrage débute par l'affirmation suivante : " L'arithmétique est l'ensemble des procédés raisonnés et pratiques qui permettent de porter des jugements exacts et utiles sur les tas, troupeaux, collections... " » (p. 186-187) Influence ou réminiscence ?

Page 43.

1. Ce type de raisonnement erroné (appelé paralogisme lorsqu'il est inconscient, sophisme lorsqu'il est délibéré) s'inscrit dans la dimension ludique de l'œuvre. Il sera repris plus loin par l'Élève : « Oui, c'est justement parce que vous n'en avez arraché aucun, que j'en ai un maintenant. Si vous l'aviez arraché, je ne l'aurais plus » (p. 45). Ionesco développera ce genre d'argumentation fallacieuse dans *Rhinocéros* où il est incarné par le Logicien qui croit aveuglément que « La logique n'a pas de limite ! » (*Théâtre complet*, Pléiade, p. 555).

Par ailleurs, M. Bigot et M.-F. Savéan remarquent : « Dans le film précédemment mentionné [*Arithmétique*], Queneau, qui joue le rôle du professeur, affirme : " Naturellement on suppose qu'entre 2 et 3, il n'y a pas d'autre nombre naturel. Si on en avait oublié un, on serait obligé de recommencer tous les calculs depuis que l'homme compte " » (p. 187)

Page 44.

1. Ionesco tient à surprendre, à étonner. D'où l'absence d'allumettes, puis de tableau et de craie pour accomplir l'action qui les requiert. Cette technique s'harmonise d'autre part avec l'intention de l'auteur qui, le 10 avril 1951, écrivait à propos de *La Cantatrice*

chauve et de *La Leçon* : « [...] entre autres, tentatives d'un fonctionnement *à vide* du mécanisme du théâtre. Essai d'un théâtre abstrait ou non figuratif » (*Notes et contre-notes*, p. 250).

Page 45.

1. Dans cet exemple curieux, le Professeur s'en prend déjà au corps de l'Élève, par la parole il est vrai, mais avec agressivité. Le monstre commence à se manifester, comme le souhaitait Ionesco : « [...] le théâtre est finalement la révélation de choses monstrueuses, ou d'états monstrueux, sans figures, ou de figures monstrueuses que nous portons en nous » (*Notes et contre-notes*, p. 250). Le Professeur est à la fois Dr. Jekyll and Mr Hyde.

Par ailleurs, dans *Jacques ou la Soumission* (composée, comme *La Leçon*, en 1950), l'étonnante fiancée qu'on propose à Jacques a deux nez. Il refuse : « Non ! non ! Elle n'en a pas assez ! Il m'en faut une avec trois nez. Je dis : trois nez au moins ! » (*Théâtre complet*, Pléiade, p. 100).

Page 46.

1. De nouveau, par le biais de l'exemple, le Professeur s'en prend au corps de l'Élève.

Page 47.

1. Poussée à son extrême limite, en prenant ses distances avec le sens, la contradiction devient un mécanisme qui fonctionne à vide. Elle a pour effet de rythmer le passage selon un crescendo dont l'intensité transparaît dans le nombre croissant de points d'exclamation.

Page 52.

1. 19 390 002 844 219 164 508.
un million = 1 000 000 = 10^6 ; un milliard = 10^9 ; un trillion = 10^{12}. On notera cependant (voir *le Petit Robert*) que depuis 1948 un billion équivaut à 10^{12} ; un trillion à 10^{18} ; un quatrillion à 10^{24} et un quintillion à 10^{30}.

Page 53.

1. Le Professeur profère une énormité. Induction et déduction sont deux opérations réputées contraires. Induction : opération mentale qui remonte des *faits* à la loi (des cas donnés, souvent singuliers, à une proposition générale). Déduction : dans cette opération mentale, on part de *propositions* prises pour prémisses pour aboutir à une proposition qui en résulte en vertu de règles logiques. (On remarquera cependant que malgré le caractère réputé antithéti-

que de ces deux types d'opération, Claude Bernard affirma : « Il me paraît bien difficile de séparer nettement l'induction de la déduction. »)

2. Une fois encore, l'Élève ne perçoit pas l'insinuation licencieuse, à l'inverse de la Bonne qui intervient promptement.

La pièce, on le notera, est jalonnée d'indices (dont certains ne sont pleinement compréhensibles que rétrospectivement), indices qui relèvent de l'*art des préparations* et dont voici les principaux : *1.* regard lubrique du Professeur (p. 33) ; *2.* intervention de la Bonne qui « recommande le calme » (p. 34) ; *3.* affirmation à la fois comique et lugubre du Professeur : « [...] Souvenez-vous-en *jusqu'à l'heure de votre mort...* » (p. 59) ; *4.* énervement de l'enseignant : « Aah ! nous allons nous fâcher » (p. 71) ; « N'interrompez pas ! Ne me mettez pas en colère ! Je ne répondrais plus de moi. » (p. 72) ; « Aux dents ! Dents ! Dents !... Je vais vous les arracher, moi ! » (p. 74) ; « Silence ! Ou je vous fracasse le crâne ! » (p. 74) ; « *le Professeur lui prend le poignet, le tord.* » (p. 74) ; « Pas d'insolence, mignonne, ou gare à toi... » (p. 76) ; *5.* « [...] c'est l'instinct, tout simplement, pour tout dire en un mot — c'est lui qui joue, ici. » (p. 77) ; *6.* irruption et prolifération d'un mot-symbole, support de l'instinct agressif et sexuel : « Je vais essayer de vous apprendre toutes les traductions du mot " couteau ". » (p. 77) ; *7.* seconde intervention de la Bonne qui avertit le Professeur : « Ne vous mettez pas dans cet état, monsieur, gare à la fin ! Ça vous mènera loin, ça vous mènera loin tout ça. » (p. 78) ; *8.* le Professeur ordonne à la Bonne d'aller « chercher les couteaux espagnol, néo-espagnol, portugais, français, oriental, roumain, sardanapali, latin et espagnol » (p. 79). Essuyant un refus « *Il va vite vers le tiroir, y découvre un grand couteau invisible, ou réel* [...] » (p. 79) qu'il brandit ; *9.* maintes et maintes fois, le protagoniste fera scander le mot « couteau » ; *10.* « Je vais te les arracher, moi, tes oreilles [...] » (p. 81) ; *11.* Finalement, énervement et titillation culminent dans un paroxysme ; « [...] le couteau tue » (p. 83), l'annonce étant suivie de l'acte.

Vus dans leur ensemble, les indices signalent une progression dans l'intensité et une accélération du tempo.

Page 57.

1. À l'évidence, la langue mère des langues romanes (français, italien, espagnol, portugais, sarde, roumain) est le latin. Le néo-espagnol n'existe pas plus que les langues néo-autrichiennes mentionnées plus loin. Le sardanapale, invention loufoque, créée par contamination à partir du mot précédent (« sarde »), renvoie au patronyme Sardanapale qui dérive de la forme grecque *Sardanapalios,* du nom du dernier roi assyrien, légendaire par son luxe et sa

débauche. Assiégé par Arkabès, il se suicida en incendiant Ninive.

2. Esperanto (signifie « celui qui espère ») : langue internationale, *conventionnelle,* simple et rationnelle, fondée vers 1887 par Zamenhof (médecin et linguiste polonais), en partant des racines courantes des langues européennes les plus répandues.

Page 61.

1. On dénombre 34 occurrences de ce leitmotiv. On remarquera par ailleurs le retour régulier des titres « monsieur » et « mademoiselle » tout au long de la pièce.

Page 62.

1. *Labiale :* consonne qui s'articule essentiellement avec les lèvres, par exemple b, p, m. *Dentale :* consonne qui se prononce en appliquant la langue sur les dents (d, t). *Occlusive :* son articulation comporte essentiellement une occlusion du canal buccal suivie d'une ouverture brusque (p, t, k, b, d, g). *Palatale :* phonème dont l'articulation se fait dans la région antérieure du palais. Voyelles palatales : [i, e, ε, y, ø, œ, a].

Page 63.

1. Le glissement de « Philippe » à Gérard de Nerval sous-entend une ellipse : le nom d'un acteur célèbre : Gérard Philipe.

Signalons à titre indicatif que *Le Vicomte* d'Ionesco est édité dans la Pléiade (*Théâtre complet,* p. 1371-1394).

2. À propos des tirades (p. 61-63) qui parodient le discours magistral on notera l'emploi d'un certain nombre de techniques : a — *L'enchaînement sériel* par le signifiant, soit par la rime (arriver, voudrez, sachez, chasser, passer ; défaut, chapeaux), soit par l'allitération (fontaine, fille, Firmin, fayot, fatras, etc.) ; b — Le recours à l'anecdote loufoque, procédé déjà utilisé à la scène VIII de *La Cantatrice chauve,* notamment dans « Le Rhume » ; c — *L'accumulation de verbes,* procédé amplificatoire. Ainsi, dans la deuxième réplique de la première tirade on relève dix verbes au présent : « les cordes vocales [...] frémissent, s'agitent, vibrent, vibrent ou grasseyent, ou chuintent ou se froissent, ou sifflent, sifflent [...] ». Globalement, l'élément ludique fait une place de choix à l'insolite et au loufoque. Le monde se détache du principe de réalité.

Page 64.

1. Au cours de cette scène, Ionesco illustre de façon burlesque le dicton populaire : « mal de dents, mal d'amour ».

Page 66.

1. Ionesco développera cette technique ludique dans la dernière scène de *Jacques ou la Soumission*. Là, dans le monde des amoureux, « tout est chat ». « Roberte II : " Pour y désigner les choses, un seul mot *chat.* Les chats s'appellent *chat,* les aliments *chat,* les insectes *chat* " », etc. (*Théâtre complet,* Pléiade, p. 112).

2. M. Bigot et M.-F. Savéan procèdent à juste titre à un rapprochement avec *Le Grand Jeu* (1928) de Benjamin Péret, dans un poème intitulé « Sans tomates pas d'artichauts » :

> *Mes tomates sont plus mûres que tes sabots*
> *Et tes artichauts ressemblent à ma fille.*

Dans les deux cas, suivant une technique surréaliste, on propose des comparatifs incongrus, voire loufoques, technique à laquelle Ionesco avait déjà eu amplement recours dans la scène XI de *La Cantatrice chauve.*

Page 72.

1. Les dernières répliques du Professeur révèlent une systématique de l'absurde aboutissant ici à la négation de tout enseignement traditionnel : l'intuition et l'étude acharnée se substituent à la compréhension et à l'assise logique de toute discipline.

Page 80.

1. Changement de tonalité. La scène qui va mener à la « tragédie » finale fut réalisée par Cuvelier comme une sorte de ballet mêlé de poursuites — un pas en avant, un pas en arrière — pour suggérer le refus-consentement de l'Élève hypnotisée par la dialectique professorale et par le... couteau. Symbole phallique pour la psychanalyse freudienne, le couteau est l'instrument d'un crime dans plusieurs pièces d'Ionesco : *Victimes du devoir, Tueur sans gages* et *Macbett.*

Page 87.

1. Sévère, ironique, moralisatrice et lucide, la Bonne effraie le Professeur. Constatant le meurtre — puis la menace qui pèse sur elle — Marie sort de son rôle, délaisse la politesse et invective son employeur. Énergique, ayant son franc-parler, elle préfigure la bonne de *L'Impromptu de l'Alma* (elle aussi prénommée Marie) qui gifle son employeur (Ionesco) pour le ramener à la raison et se débarrasse des trois pédants qui lui empoisonnent l'existence. Elle s'inscrit en outre dans la tradition des servantes moliéresques, à ceci près que dans un contexte loufoque sa conduite ne prétend pas à la

cohérence : un instant elle gifle le Professeur, l'instant d'après elle lui pardonne (p. 88). Ce revirement facile doit satisfaire aux exigences de la comédie qui finit bien.

Page 88.

1. Cette surenchère destinée à entretenir le rire par l'énormité même du nombre obéit à l'esthétique de la surprise.

Attribuer ici une valeur symbolique au nombre 40 (pratique courante dans la Bible) serait forcer le texte : 40 n'est pas plus symbolique *ici* que les expressions « voir 36 chandelles » ou « faire les 400 coups ».

Page 89.

1. Svastika ou swastika : nom indien d'un symbole sacré en forme de croix à branches coudées, qui devint l'emblème du parti nazi (croix gammée). Souvent utilisé au féminin, ce nom est cependant masculin en français.

Page 90.

1. L'amorce de recommencement suit le schéma établi dans la pièce précédente, *La Cantatrice chauve.*

Au terme de cette pièce on notera l'importance de la *fonction ludique,* c'est-à-dire d'une activité s'inscrivant dans un univers hors norme et parfois hors du possible, activité délibérément fictive, et ressentie comme telle, qui déroule ses méandres le temps d'une représentation. À cette remarque qui s'inspire de la définition donnée par Huizinga dans *Homo Ludens* (Gallimard, 1972, p. 34-35), ajoutons que le jeu est synonyme de divertissement, qu'il mobilise donc l'activité fantasmatique, le *principe de plaisir freudien.*

Le jeu — domaine du « comme si » — est structuré par les rapports qui unissent les moyens (conscients ou inconscients), les fins et les résultats. Sa dynamique emprunte ici une double voie : d'une part la *logique du désir* (la lubricité du protagoniste qui est le meneur de jeu) d'autre part la *logique de l'absurde.*

Parmi les matériaux utilisés figurent la langue (signifiants et signifiés), les nombres, les idées, la logique et l'illogique, le réel (les référents), le rythme (une! deux!; couteau... couteau...) et la série (Trois et un? Quatre et un?), etc.

Outre la répétition, l'exagération, le paradoxe et la caricature, signalons, parmi les « figures » du jeu, *l'accumulation et l'amplification* (ou, exprimé autrement, le phénomène de prolifération) manifestes dans les tirades du Professeur qui manipule les mots, les nombres, les ressorts du désir — de ses désirs.

Enfin, en toile de fond, la *fonction mimétique* (fonction de représentation du réel qui fait contrepoint à la fonction ludique) se voit réduite au minimum : décors « réalistes », parodie des comportements sociaux (langage de la politesse, par exemple) mais point d'étude psychologique, sociale ou politique. La fonction ludique suscite l'effet d'éloignement (« distanciation » par rapport au réel ou *mimèsis*). On joue à jouer — pour jouer —, pour le public et avec le public.

RÉSUMÉ

Placé sous le signe de l'absurde ce pseudo-drame comique qui, à l'inverse de *La Cantatrice chauve,* n'est pas découpé en scènes, comprend plusieurs phases : un prologue, une leçon d'arithmétique, un exposé magistral de linguistique, une séance d'hypnose aux connotations lubriques et un épilogue qui s'achève par l'amorce d'un recommencement.

LE PROLOGUE

Un coup de sonnette retentit, la Bonne ouvre, une étudiante entre. Le Professeur la rejoint, échange quelques propos placés sous le sceau de la banalité et de la loufoquerie et vérifie les connaissances de la jeune femme.

LA LEÇON D'ARITHMÉTIQUE

Afin de satisfaire ses parents, la jeune femme envisage de préparer le « doctorat total ». Le Professeur propose alors de débuter par une leçon d'arithmétique et l'Élève se déclare à sa « disposition », terme qui prêtera à équivoque et éveillera un désir que le Professeur dissimulera tant bien que mal. On aborde donc l'addition et la soustraction au niveau le plus élémentaire qui soit, en illustrant la démonstration d'exemples ahurissants qui font référence au nez, aux oreilles, aux doigts, bref au corps de l'Élève ! Fréquemment incapable de résoudre les opérations proposées, celle-ci se montre paradoxalement capable de trouver instantanément le produit de la multiplication de chiffres énormes. Qu'on ne s'étonne point, elle a appris par cœur le résultat de toutes les multiplications possibles !

L'EXPOSÉ MAGISTRAL DE LINGUISTIQUE

Le Professeur propose de passer « à un autre genre d'exercice ». Aux aguets, la Bonne comprend le danger que court la jeune femme et intervient immédiatement. Son employeur la rabroue vertement, la renvoie à sa cuisine et aborde la leçon de « philologie [qui] mène au pire ! ». Marqué par la loufoquerie, la prolixité, le jargon et le pseudo-jargon, l'exposé magistral se compose de tirades entrelardées de plaintes maintes fois réitérées et modulées par l'Élève : « J'ai mal aux dents. »

Emporté par son élan — le verbe s'alliant à la passion —, irrité par les interruptions de l'Élève, le Professeur devient menaçant. Comme il le dit dans un autre contexte, « c'est l'instinct, tout simplement [...], c'est lui qui joue, ici » (p. 77). D'où son désir d'apprendre à l'Élève « toutes les traductions du mot couteau » (p. 77). Sur ce, il appelle la Bonne qui, immédiatement, perçoit dans le mal de dents « le symptôme final ! le grand symptôme ! » (p. 79).

UNE CURIEUSE SÉANCE D'HYPNOSE

Hors de lui, le Professeur passe aux injures et aux menaces et amorce la séance d'hypnose qui évolue selon les exigences du verbe et la toute-puissance du désir. L'Élève se voit contrainte de psalmodier une formule incantatoire (en fait un simple mot, inquiétant — couteau — illustré ou non par l'objet même (selon le choix du metteur en scène), tandis que le Professeur, tel un rapace, tourne autour de sa proie. « *Langoureuse, envoûtée* », de plus en plus femme — femme-objet —, la future victime évoque sa gorge, ses épaules, ses seins, ses hanches, ses cuisses, son ventre tandis que la voix de son partenaire s'altère. L'homme brandit son « couteau » tandis que l'Élève pousse un cri et « *s'affale en une attitude impudique* », « *les jambes très écartées* ». Au meurtre succède un mouvement de panique : le Professeur sollicite le secours de la Bonne.

L'ÉPILOGUE

Désemparé, niant son acte avec une parfaite mauvaise foi, le Professeur se fait rappeler à l'ordre : « c'est la quarantième fois aujourd'hui ! », « Et tous les jours c'est la même chose ! » (p. 86). Il sanglote et regrette ses écarts de conduite. Sur ce, une nouvelle élève, nouvelle victime, sonne à la porte, continuant ainsi un cvcle sans fin... dans l'humour noir.

Implicite et humoristique, une leçon se dégage de cette leçon très particulière. Non destinée aux pères-la-pudeur, cela va sans dire, elle peut se résumer ainsi : à la première occasion, le monstre, la bête qui sommeille en l'homme, cède aux sortilèges du mal, le pouvoir menant à l'abus de pouvoir, Éros et Thanatos se rejoignant dans le crime.

DU MÊME AUTEUR

Dans la même collection

COLLECTION
FOLIO THÉÂTRE

Dernières parutions

Composition CPI Bussière
Impression Maury Imprimeur
45330 Malesherbes
le 17 août 2020
Dépôt légal : août 2020
1ᵉʳ dépôt légal dans la collection : février 1994
Numéro d'imprimeur : 247472

ISBN 978-2-07-038865-3. / Imprimé en France.

373193